芯片的较量

日美半导体风云

[日] 牧本次生——著
[美] 杨骏———等译

机械工业出版社
CHINA MACHINE PRESS

牧本次生作为日本半导体产业协会理事长、《日美半导体协议》贸易谈判代表团团长，以 65 年行业深厚积淀，为你揭秘日美半导体领域的风云博弈。本书从晶体管发明、集成电路普及讲起，见证了日本半导体如何凭借 DRAM 内存称霸、CMOS 内存挑战英特尔，实现崛起，并讲述了闪存的演变历史；也如实记录了日美半导体战争爆发、协议签订，致使日本半导体走向衰退的历程。其中穿插作者亲身参与的日立与摩托罗拉专利战、微处理器领域争夺等故事，深度结合技术演进与行业战略，不仅回溯历史，更展望半导体在汽车、机器人市场的未来，是洞察行业发展与启示复兴之路的权威之作。

本书以故事讲述为主，情节紧凑，不仅适合半导体行业从业者与政府、投资、教育、科研等相关领域专业人士，也非常适合对半导体发展历程感兴趣的大众读者。

序　一

在当今全球科技与经济发展中，半导体科技和产业直接关乎一个国家的进步、发展和安全。作为一名长期耕耘于中国半导体科技进步和产业推动的工作者，我深知这一领域的每一次突破、每一步发展，都对国家的综合实力有着深远影响。当我翻开这本书时，仿佛又重温了半导体产业那风云变幻历史长河中的点点滴滴——有些是熟知的，有些是未知的，更有一些是发人深省的。但无论如何，这都会对我国半导体科技和产业的各位同仁有宝贵的借鉴意义。

这本书对日本半导体产业的发展历程进行了细致的刻画——从半导体科技和产业黎明期的关键发明，如晶体管的诞生，到集成电路的出现，再到半导体产业的蓬勃发展。半导体产业的发展充分体现出科学、技术、产业和人才的完美结合，以及需求牵引与技术驱动的完美融合。

日本半导体企业在早期凭借对技术的执着追求和大胆探索，迅速积累起技术优势，为后续产业腾飞埋下伏笔。创新是产业发展的生命线，只有不断在基础研究和关键技术上取得突破，才能在全球半导体产业竞争中占据主动。

书中尤其提到，进入 LSI 时代，日本企业以敏锐的市场洞察力和强大的执行力，抓住了当时的计算器市场机遇，使 LSI 业务得到了快速的发展。然而，产业发展之路布满荆棘，石油危机的冲击以及日美半导体战争的爆发，成为日本半导体产业发展的重大转折点。在 DRAM 领域，日本企业曾称霸世界，却在与美国企业的激烈竞争中，因各种因素逐渐失去优势。技术竞争、市场份额争夺以及国家政策博弈等都警示着：半导体产业的竞争不仅是技术和市场的竞争，更是国家间综合实力的较量，这一切都离不开国家的战略规划和政策支持。"国家的兴衰在于半导体"，这句话在日本半导体产业的发展历程中得到了充分印证。日本半导体产业的崛起曾带动日本在电子信息等诸多领域取得巨大成就，提升了国家的国际竞争力；而其衰退也对日本相关产业发展造成了一定阻碍。

在当前全球半导体产业格局加速变革的背景下，我国半导体产业正面临着前所未有的机遇与挑战。《芯片的较量——日美半导体风云》为我们提供了一个全面了解半导体产业发展历史的窗口。我们要积极汲取日本半导体产业发展中的经验，坚定走创新驱动发展道路，加强国家层面的统筹规划和政策引导，提升企业的自主创新能力和市场竞争力。同时，要更加注重培养优秀人才，完善产业生态体系。相信每一位半导体从业者在阅读这本书后，会从中获得不同的收获，在这充满挑战与机遇的时代创造出属于自己的辉煌。

中国科学院院士
中国电子学会副理事长
2025 年 4 月 11 日

序 二

在半导体产业波澜壮阔的发展历程中，日本的经历为我们提供了宝贵的镜鉴。《芯片的较量——日美半导体风云》一书以真实的史料和深刻的洞察，展现了日本半导体产业从崛起到衰退的曲折过程。这段历史不仅是技术进步的记录，更是产业战略、市场选择和国家政策交织下的复杂画卷。这段历史对我国 EDA（电子设计自动化）产业的发展有着重要的启示意义。

日本半导体产业的兴衰与 EDA 工具的演变紧密相连。在《芯片的较量——日美半导体风云》中提到的多个关键节点，如晶体管收音机的普及、微处理器的诞生、DRAM 市场的竞争等，都离不开 EDA 工具的支持。日本企业在这些领域的成功，很大程度上得益于对 EDA 技术的早期投入和应用。然而，随着全球半导体产业格局的变化，日本在 EDA 领域的投入相对减少，逐渐失去了领先地位。这一教训深刻地提醒我们，EDA 作为半导体产业的基石，其发展绝不能滞后于芯片制造和设计的进步。

我国 EDA 产业的发展现状与日本半导体产业的某些阶段有着相似之处。近年来，国内半导体市场迅速扩大，对 EDA 工具的需求日益增长。然而，与国际领先水平相比，国内 EDA 在技术深度、工具完整性以及市场份额等方面仍存在明显差距。这种差距不仅体现在高端工艺支持和复杂设计能力上，还反映在 EDA 企业与芯片设计企业之间的协同不足。我国 EDA 企业往往在与国际巨头的竞争中处于劣势，市场份额有限，难以形成规模效应。

借鉴日本的经验，我国 EDA 产业的发展需要从多个方面着手。首先，加强自主研发能力是当务之急。日本在半导体黄金时期对 EDA 技术的重视为其产业的腾飞奠定了基础。我国 EDA 企业应加大研发投入，突破关键核心技术。其次，产业协同与生态建设至关重要。日本半导体产业的兴衰表明，单一企业的成功无法支撑整个产业的持续发展。我国 EDA 企业需要与芯片设计企业、制造企业、高校和研究机构紧密合作，形成完整的产业生态。最后，人才培养是产业发展的根本。日本半导体产业的崛起得益于其扎实的工程教育和企业内部的系统培训。我国应加强相关学科建设，优化课程设置，增加实践环节，培养适应产业需求的复合型人才。同时，企业应建立完善的人才培养体系，提升员工的专业技能和创新能力。

《芯片的较量——日美半导体风云》不仅是一部技术发展的编年史，更是一部产业战略的启示录。它提醒我们，半导体产业的竞争不仅是技术的较量，更是战略眼光和市场洞察的比拼。我国 EDA 产业在发展的道路上，既要注重技术突破，也要关注市场趋势和客户需求。只有将技术创新与市场需求紧密结合，才能在激烈的国际竞争中立于不败之地。

以史为鉴，可以知兴替。日本半导体产业的起伏，为我国 EDA 发展提供了宝贵的借鉴。站在全球半导体产业变革的风口浪尖，我国 EDA 产业既面临着前所未有的挑战，也迎来了难得的机遇。我们当以书中的经验与教训为指引，坚定信念，砥砺前行，努力推动我国 EDA 产业迈向新的高度，为我国半导体产业的繁荣发展贡献智慧与力量。

刘伟平
华大九天董事长
中国半导体行业协会副理事长

序 三

在全球科技与经济交融的宏大版图中，半导体产业已成为无可争议的核心支柱，其发展态势深刻影响着综合国力的消长与国家的兴衰。作为半导体行业的一名从业者，当我翻开《芯片的较量——日美半导体风云》，仿若开启了一段波澜壮阔、扣人心弦的半导体产业传奇之旅。作者牧本次生先生作为日本半导体行业兴衰的亲历者，深度参与了日美谈判等诸多重大历史决策和关键事件，他凭借自身丰富的行业阅历和独特视角，为我们呈现了一部极具价值的半导体产业发展启示录。

日本半导体产业的发展历程跌宕起伏，早期的产业爆发式成长，极具传奇色彩，为后人留下了很多宝贵的经验借鉴。追溯至半导体黎明期，从偶然与半导体结缘，到晶体管的突破性发明，日本企业展现出一流的创新勇气和探索精神。他们重视向美国学习先进技术，为自身发展积累经验，并成功在全球半导体版图中崭露头角，奠定了坚实的产业基础。

进入 LSI 时代，日本企业精准把握计算器市场机遇，全力拓展 LSI 业务，实现蓬勃发展。在 DRAM 领域，日本企业更是一度雄霸全球市场，铸就了日本半导体产业的辉煌巅峰。然而，石油危机突如其来，日美半导体战争的爆发犹如一场狂风暴雨，对日本半导体产业造成巨大打击。在技术竞争、市场份额争夺以及国家政策博弈的多重夹击下，日本半导体产业在 CMOS 内存等关键领域逐渐丧失优势，市场份额不断被蚕食，最终陷入衰退困境。

牧本次生先生在书中对日本半导体产业的发展历程进行了深入细致的剖析，为我们清晰揭示了半导体产业发展的复杂规律。技术创新始终是推动产业前行的核心动力，企业对技术的执着追求和持续投入是竞争力的根本；精准洞察并有效开拓市场需求，是企业顺应产业浪潮的关键；而国家政策在产业发展的重要节点，特别是贸易战的特殊情况下，往往起到了决定性的导向和支撑作用，成为产业抵御风险、实现突破的坚实保障。

近年来，我国半导体产业在全球舞台上崭露头角，展现出强劲的技术实力和市场竞争力，产业链韧性持续增强。与此同时，当前全球半导体产业格局正处于加速变革的关键时期，我国半导体产业既面临着广阔发展机遇，也遭遇了外部封锁打压、贸易保护主义抬头等严峻挑战。在此背景下，细读《芯片的较量——日美半导体风云》，深入了解日本半导体产业的坎坷历程，其中的经验和教训更加引人深思，发人深省。坚定不移地实施创新驱动战略，紧盯产业前沿，构建高水平的产业生态体系，全力提升企业的自主创新能力和市场竞争力，这是本书给予我们的宝贵启迪。

《芯片的较量——日美半导体风云》不仅是对日本半导体产业过往的回顾与反思，也体现了作者对全球半导体产业未来趋势的展望与思考，这是一本值得半导体从业者研读的好书。衷心希望能有更多读者阅读此书，从中汲取智慧，获取知识，启发思考。在繁忙的工作之余，我们不妨多听听先行者的故事，看看别人走过的路。这对我们走好自己脚下的道路，行稳致远，是极为重要和有意义的。

刘源超

中国半导体行业协会副理事长

中国电子工业科学技术交流中心总经理

前　言

目前，半导体作为"经济安全保障的关键"正受到全球的关注。在日本，政府也将半导体视为"最重要的战略物资"，并推出了强有力的振兴政策。在熊本，世界上最大的晶圆代工厂台积电（台湾积体电路制造股份有限公司）的工厂建设正在快速推进，产品出货也即将开始。在北海道，瞄准最尖端产品的国内半导体制造商拉皮达斯的工厂也在建设中，计划在 2025 年启动试产线。各个地方都充满热情，展望着梦想。对于日本来说，这应该是扭转三十年来的低迷、再次蓬勃发展半导体的机会。

在日常生活中，也发生了令人惊讶的事情。生成式 AI ChatGPT 引起巨大的轰动，自 2022 年 11 月推出以来，仅仅用了短短两个月就获得了 1 亿用户。生成式 AI 可以自动编写文章和创作图片，使得之前不可能的事情变得可能。然而，另一方面，假新闻扩散的风险也在增加。对于具有两面性的 AI 技术，我们该如何应对？这个问题也在世界范围内被广泛讨论。这一切都与半导体的发展密不可分，可以说半导体正成为开拓文明前沿的引擎。

1955 年，索尼公司的晶体管收音机的商品化成为日本半导体产业崛起的契机。当时的半导体几乎只能用在收音机上，连用于电视机都是相当困难的。然而，经过了大约 70 年的时间，半导体已经达到了如上所述令人惊叹的地步。

半导体技术最初从美国引进到日本，之后，日本的半导体技术实力逐渐增强，到了 20 世纪 80 年代末成为全球市场份额第一。

此后，由于受到长达十年的日美半导体摩擦事件的影响，日本的市场份额开始出现下滑，即使在摩擦平息之后，市场份额下降的趋势仍然持续至今。为什么会变成这样呢？我想结合自己人生的经历，向后世讲述半导体的历史，这是我写作的动机。

前几年出版的克里斯·米勒的名著《半导体战争》（钻石公司，2023年）是由历史学家在仔细研究过去的记录的基础上撰写的，可以说是从外部看到的历史。与之相对，本书则是与半导体发展一起走过来的作者通过自己的亲身体验从内部看到的历史。

从第1章到第7章，我想向读者讲述充满动态和临场感的历史事件。此外，在这些历史事件的基础上，将在第7章的最后一节给出我对日本半导体复兴的提案。如前所述，两个大型项目（台积电工厂的引进和拉皮达斯工厂的建造）正在推进中，对日本而言，先保证这些项目的成功是最重要的。但是，这两个都是Foundry（晶圆代工厂）业务（不拥有自家产品，只接受委托制造的业务）的公司，它无法扭转日本半导体市场份额持续下滑的趋势。

为了提升市场份额，必须积极开拓新的应用领域，并创造出面向这些市场的最佳芯片。其中核心是数字芯片，"做什么产品"（产品的定义）极其重要。仅仅依靠器件技术知识很难解决这一问题，需要培养同时具备计算机科学等系统技术知识的人才，产业、政府、学术界必须紧密合作来应对这一挑战。

在第8章中，我们将遵循"温故知新"的教诲，通过仔细研究过去与半导体相关的事件和现象，从"半导体的视角"来展望未来会呈现何种景象。其中之一是探讨正在快速转变的汽车产业。曾经，日本的电子产业在从模拟向数字转换的过程中丢失了市场，那么日本的汽车产业是否也在重蹈覆辙？现状不容乐观。

我于1959年加入日立制作所的半导体部门，经历了从技术到管理、经营的各种业务，于2000年离职；同年加入索尼公司，负责半导体技术战略。2005年离职后，通过咨询业务，担任企业顾问等职务，同时通过演讲、写作、教育和媒体等方式与半导体行业联系在一起。

到2024年为止，我在半导体行业累计工作了65年，半导体可以说是我毕生的事业。也正因为这样的职业生涯，在2011年6月NHK播出的特别节目中，字幕上以过誉的"半导体先生"来介绍我。此外，在2024年2月文部科学省主办的半导体相关会议上，我被介绍为"半导体的传奇"，这让我感到非常惶恐。无论哪一个，我认为都是对我一生专注于半导体的赞誉，对此我感激不尽。

任何事情都会经历枯荣兴衰，这是世间的常态；对于半导体领域而言，这一现象尤为显著。有胜利的时候，也有失败的时候，但是即使失败了，还是有东山再起的机会。这是半导体的历史教给我们的，也是我从亲身经历中学到的。

现在，日本的半导体正处于败者复活的战斗中。为了这场战斗的胜利，我认为可以从过去的历史中学到很多东西。如果这本书能为此提供一些帮助，我将感到非常荣幸。

本书的主要内容是基于日本半导体产业协会运营的虚拟博物馆——日本半导体历史馆收藏的资料，并在此基础上适当添加修改而成。

牧本次生

作　者

XII 芯片的较量——日美半导体风云

日立半导体第 1 期生（前排右端为笔者）

1974 年 5 月笔者访问摩托罗拉公司

插 图 XIII

笔者（右1）与硅谷之父罗伯特·诺伊斯（左1）工作合影

HICAL 成员（从左至右分别为笔者、前秘书、秘书、川胜文磨先生）

XIV 芯片的较量——日美半导体风云

在函馆集结的驯鹿项目成员（1980 年 2 月）

访问美国企业的"日立的年轻狮子"（1980 年 10 月）（从左至右：笔者、伊藤达先生、速藤彰先生、石原政道先生）

插　图　XV

4K R&D 100 奖获奖者（从左至右分别为安井德政、笔者、增原利明）

日立与微软 Windows 项目合作（出席这次会议的有比尔·盖茨总裁等）

XVI 芯片的较量——日美半导体风云

在微软总部与微软高管聚餐合影

摩托罗拉诉讼和解纪念——高尔夫活动（1990 年 8 月 9 日，狭山 GC）
（从左至右分别为笔者、赤木仁、三木和信、小川胜男）

插 图 XVII

笔者与 IC 的发明者杰克·基尔比（左）愉快交谈

摩托罗拉公诉纪念照

XVIII 芯片的较量——日美半导体风云

《日美半导体协议》达成后,笔者与美方代表 SIA 会长巴特·韦尔巴先生合影

《日美半导体协议》贸易谈判代表团成员(从左至右是东芝的大山昌伸先生、笔者、三菱电机的新村拓司先生、NEC 的小野敏夫先生)幕后的较量则是比尔·克林顿总统和桥本龙太郎首相

插图 XIX

日立与索尼高管高尔夫球合影
（前排从左数第三人是索尼森尾副社长，其右侧是笔者）

日立与华硕合作留念（中央为华硕董事长施崇棠，其右侧为笔者）

目 录

序言一
序言二
序言三
序前言
插图

01 第 1 章

半导体的黎明期

1 与半导体的邂逅	1
2 被誉为"金蛋"的晶体管女孩	5
3 向美国学习	9
4 晶体管的发明	13
5 硅谷的起源	15
6 IC（集成电路）的发明	17

02 第 2 章

LSI 时代的开启

1 迈向 LSI 的胎动	21
2 计算器开创的 LSI 时代	23
3 哇！意外的 LSI 人事变动	26
4 LSI 业务的崛起	28
5 石油危机的冲击	33

第 3 章 日本的飞跃与日美摩擦

1. DRAM 称霸世界　　　　　　　　　　38
2. CMOS 内存挑战英特尔　　　　　　　44
3. 内存创造的黄金时代　　　　　　　　50
4. 国际会议上的特邀演讲　　　　　　　52
5. 不可思议的社长候选人　　　　　　　55
6. 日美半导体战争爆发　　　　　　　　57

第 4 章 微处理器时代的到来

1. 微处理器的诞生　　　　　　　　　　63
2. 选英特尔还是摩托罗拉?　　　　　　67
3. 领先世界的 CMOS 微处理器　　　　74
4. 选 NMOS 还是 CMOS?　　　　　　78

第 5 章 日立与摩托罗拉的一战

1. 从 ICBM 诞生的 ZTAT 微处理器　　87
2. Wind Down 事件　　　　　　　　　 95
3. 首脑会谈的破裂　　　　　　　　　　98
4. 深夜大逃亡　　　　　　　　　　　　101
5. 日立与摩托罗拉的专利战争　　　　　104

第 6 章 微处理器大决战

1. 开创全新领域的新型 RISC 微处理器　111
2. VLSI 研讨会上的主题演讲　　　　　 118
3. Windows CE 项目　　　　　　　　　122
4. 复仇的 F-ZTAT 微处理器　　　　　　131

| 5 | 微控车拉力赛（MCR） | 136 |
| 6 | MGO——微处理器大决战 | 139 |

07 第7章 日本半导体，为何败退？

1	峰期市场份额达50%	152
2	《日美半导体协议》的影响	154
3	成为日立半导体的首脑	159
4	"7月33日"的谈判结果	162
5	降职两级	168
6	半导体新世纪委员会（SNCC）	171
7	2004东京国际数字会议	174
8	日本半导体的衰退	178
9	十足的紧迫感	179

08 第8章 从"半导体的视角"展望未来

1	摩尔从"半导体的视角"看到的未来	186
2	Makimoto's Wave（牧本波动）	188
3	数字游牧时代的预测	193
4	机器人市场崛起的预测	195
5	国家的兴衰在于半导体	198
6	从"半导体的视角"看汽车的未来	201

后记
致谢

第1章

半导体的黎明期

1 与半导体的邂逅

那大约是在70年前的1955年,我决定将"半导体之路"作为自己毕生的事业。从那以来,直到今天,我一直是"一心一意专注于半导体"。在1955年的8月,索尼(当时称为东京通信工业)推出了震惊世界的晶体管收音机(TR-55),正好就是我考入东京大学理科一类(理学院和工学院)的那一年,这款收音机上市了。这款收音机对我的人生道路产生了巨大的影响。

图1-1展示了日本首款晶体管收音机(TR-55)及其开发负责人井深大的照片。当时,一般的收音机都是电子管式的,体积较大,在家庭中通常会把它放在客厅的角落。当时大学毕业生刚入职的月工资为7000~8000日元,而这款TR-55收音机的价格却高达18900日元,应该说是非常的昂贵。但是,其外观设计非常酷,并且方便携带,外出时也能听音乐和新闻广播,很受年轻人喜爱,不仅在国内,在国外也成了热销产品。因此,索尼的名声

一夜之间在世界范围内传播开来。

- 1955年夏天，索尼推出了晶体管收音机（TR-55）
- 成为家电产品半导体应用的先驱

- 井深大（1908—1997）于1946年与盛田昭夫共同创立了东京通信工业（现索尼）
- 指挥开发了晶体管收音机

图 1-1　日本首款晶体管收音机及其开发负责人井深大

当时的我对半导体一无所知，但调查后发现，其应用领域并不仅限于收音机，将来还会扩展到电视机和计算机，甚至能够通过光和热产生电流，或者实现制冷。"了不起！"我感叹道，这激发了我的好奇心，对前景广阔的半导体一见钟情。

当时东京大学的制度是，入学后先在驹场校区完成两年的基础课程，然后根据个人的意愿和成绩分配到本乡校区进入专业课程的学习。我毫不犹豫地选择了应用物理学科的物理工学课程，因为这里正在进行半导体相关的研究。这个课程的名额只有12人，进入的门槛很高，但我顺利地通过了。

我的毕业论文题目是"金属间化合物的半导体物性研究"，在青木昌治导师的指导下完成。先生热衷于利用珀耳帖效应进行制冷的研究，他如描绘梦想般地对我们说，"将来，家用冰箱也会变成利用半导体珀尔帖效应制冷式的冰箱"。青木先生后来还担任过应用物理学会的会长，在日本半导体领域发挥了先驱作用。

到目前为止，家用冰箱制冷方式虽然还没有被半导体取代，但是利用珀尔帖效应的家用酒柜似乎已经相当普及了。我自己也使用过这种酒柜，柜内温度控制精度很高，没有讨厌的噪声，而且设计精巧，节省空间，也符合房间的氛围。确实，使用半导体制作的产品造型漂亮。已故青木先生的梦想现在正在慢慢实现，真是感慨万分。

1959 年，我从东京大学毕业，在小平市日立的半导体工厂工作。在那个崭新的工厂里，我负责制造用于晶体管收音机的产品。

这里，让我们暂时把时针拨到 2000 年 10 月。我接到索尼社长出井伸之（当时的社长）的直接邀请，从日立转到了索尼。在那里，我得以详细了解（对我的职业生涯选择产生了重大影响）TR-55 晶体管收音机问世之前的经过。

索尼公司于战后不久的 1946 年由井深大和盛田昭夫两位天才创立。井深在技术方面、盛田在销售方面都拥有出众的才能。

井深决定制造晶体管是在 1952 年，那时的索尼还是一个只有约 200 名员工、发展缓慢的公司。当时市面上销售的晶体管大多是合金接合型，并不能制作出令人满意的收音机。因此，井深决定：要制作出好的收音机，就必须自己动手制作好的晶体管。于是，他选择了技术难度高但高频性能优越的生长接合型晶体管。

对于一个中小企业来说，涉足需要大量投资和众多技术人员的半导体，是极具风险的事情。但是，井深还是毅然决然地选择了这条路。从今天的视角来看，井深的这一做法戳中了"垂直整合模式"的本质。

索尼最初是制作磁带录音机等整机产品的公司，所以"从其他公司购买晶体管组装收音机"也是一种选择。但是，那样只能做"和别人类似的产品"。索尼的文化是"与众不同（Like no other），做别人不做的事"，即使在今天，这个思想也仍在索尼大力传承。索尼的目标是制作"世界一流的收音机"，并为此倾尽全力。遗憾的是，TR-55 没有成为世界上第一台晶体管收音机。"世界第一"比索尼早 10 个月、由美国 Regency 公司发售。但是，那是一种"水平分工"形态的收音机，使用了 TI（德州仪器）制造的晶体管。

另一方面，盛田亲自前往美国，负责收音机的销售工作。但是，客户最初对晶体管收音机的反应却很冷淡。"我们家的收音机是电子管制造的，音质好，有气度（功率大、体积大），对那么小的收音机没有兴趣"。据说，Regency 被客户的反应吓到，退出了这一行业。

而索尼对此提出了销售方面的新策略——"从一家一台的收音机到一人一台的收音机"的全新概念，用"随身听"的广告词，强化了宣传活动。这一战略非常成功，使得索尼成为世界级的主要玩家。接着，日本各家电子制造商也受到索尼成功的启发，大量增产晶体管收音机，日本制造的收音机很快席卷了世界市场。

这种势头从收音机发展到电视机，进而发展到 VTR 和 Walkman，成为日本最盛极一时的商品。日本确立了"家电王国"的地位，家电市场的繁荣为战后日本的复兴做出了巨大贡献。索尼的 TR-55 所发挥的先驱作用，不得不说实在是巨大的。也可以说，日本的半导体产业是以此为契机而崛起的。我的半导体人生也是从这里开始的。

2 被誉为"金蛋"的晶体管女孩

我最开始接触的半导体产品是锗晶体管,现在已经没有人制造了,只能在博物馆里看到。但是,锗晶体管才是日本半导体历史上的开路先锋,开辟了日本通往半导体大国的道路。

我加入日立半导体工厂的 1959 年,是电视机逐步普及的一年。当时的日立,被誉为"野武士的日立",受创始人小平浪平的影响,充满了"振兴国产技术"的理想和活力。我在四月份加入公司后,接受了为期两个月的新员工集体教育,地点是茨城县日立市的设施,就是日立公司的发祥地。公司高层轮流登上讲坛,不仅讲述了日立的历史、现状和"日立精神",还广泛涉及世界形势、文化、技术等多个方面的教育。

在集体教育结束时,公布了新员工将被分配到哪个部门。虽然事前每人提交了三个志愿,但并不一定能够如愿以偿,这对每个人来说都是悲喜交加的时刻。幸运的是,我如愿以偿地被分配到了半导体部门。

虽然日立半导体工厂在前一年(1958 年)的 7 月已经开始运营,但当时被称为"晶体管研究所"。因为半导体工厂当初设立时不能使用"工厂"这个词,为了能够尽快获得设立认可,所以称之为"研究所",但实际上它是一个"晶体管工厂"。过了一段时间后,为了使名字更符合实际,改为了"武藏工厂"。

这一年分配到半导体部门的有七个人。前辈员工全部是从其他事务所转过来的,作为大学应届毕业生,我们奇妙地成为日立半导体的第 1 期生。因为是同一年入社,我们非常团结,以至于被戏称为"七人的武士"(如图 1-2 所示)。

图 1-2　日立半导体第 1 期生（前排右端为笔者）

我的第一份工作是锗晶体管类型工程师。简单来说，就是每天管理并改善不断变化的晶体管的良率。当时的晶体管结构是以大约一毫米见方的锗薄膜作为基板，然后在两侧烧制上铟的圆点作为发射极和集电极。最精细的操作是在发射极和集电极上安装引线的工序，这需要在显微镜下进行。这项工作需要良好的视力，以及灵巧的手指，因此中学毕业的女工们在这方面发挥了巨大的作用。她们不知从何时起被称为了"晶体管女孩"（如图 1-3 所示）。

图 1-3　晶体管车间的晶体管女孩（1960 年）

这里稍微有点偏题，1962 年吉永小百合主演的电影《化铁炉的街道》上映了。实际上这部电影的一部分场景是在我所工作的日立武藏工厂拍摄的。电影名称中的"化铁炉"，也就是用来熔化铁来制造铸件的炉子。电影中，在这里工作了多年的父亲因裁员而失去了工作。吉永小百合饰演的长女决定放弃普通高中教育，转而进入定时制学校夜间部（晚上上课），这样，她可以白天工作。她选择了当时最先进、形象清洁的晶体管工厂。吉永小百合凭借在片中饰演晶体管女孩获得了蓝丝带奖最佳女主角奖。

然而，晶体管女孩们作为生产主力是在五十年代后半期到七十年代前半期，之后随着时间的推移，女性比例逐渐减少。根据《日立半导体三十年史》记载，在我入社的 1959 年，当时的女员工比例是 85%，男员工比例是 15%；但到了 1975 年，比例逆转为女员工 35%，男员工 65%；再到 1985 年时，男女比例变为女员工 15%，男员工 85%，与 1959 年相比正好相反，半导体工厂变成了以男性为主的职场。

这种变化是随着产品转换（从锗晶体管到硅晶体管，再到 IC）以及自动化发展的过程出现的。年轻女工的手工操作被"有眼睛"的自动化机械取代。然而，在日本半导体产业崛起的初期，晶体管女孩们确实扮演了"金蛋"的角色。她们不仅是半导体的生产者，也是当时高科技产品（如收音机和电视机等）生产的原动力。而且，尽管是暂时的，日本在晶体管制造方面超越了先行一步的美国，确立了世界领先的地位。

在谷光太郎所著的《半导体产业的系谱》中有如下记载："自昭和 31 年（1956 年）夏季起，以年轻人为中心的晶体管收音机销售开始了爆炸性增长。索尼公司这一年的晶体管产量是每月 30 万个，到了第二年则增加了 2 倍以上，达到了 80 万个。……，昭和34年（1959年），日本生产了8600万个晶体管，成为世界上最大的晶体管生产国。"

大批量生产的收音机等半导体应用产品对提升整个日本的形象做出了巨大贡献，从而改变了当时意味着"既便宜又差"的"Made in Japan"这一标签的含义。下面介绍两个例证。

1962年，时任首相池田勇人在战后首次对法国进行正式访问，并与戴高乐总统会面。当时作为礼物选择的是索尼的晶体管收音机。这是因为它是当时代表日本最尖端技术的商品。池田首相热情地介绍了这种新型晶体管，以至于戴高乐总统戏称他为"晶体管的推销员"。当时，半导体确实是日本的"希望之星"。

另一个例证是1979年出版的埃兹拉·F·沃格尔所著的《日本世界第一》，其译者广中和歌子在书的"译者后记"中叙述如下："回想20年前（注：大约1960年前后）我来到这个国家（注：指美国），当时感觉美国人无论如何都在轻视日本人。（中略）

虽然产品外观看起来还算不错，但是对那些又便宜又差的日本商品感到失望的美国人，把日本人看作是只能制造便宜货的低劣民族，这对于刚离开祖国的我来说，是感到非常痛苦的。正是由于晶体管，这些美国人对日本的看法开始发生变化。虽然法国的一位领导人讽刺日本人是'晶体管的推销员'，但是美国人，特别是普通民众对日本的态度却是单纯的惊讶和尊敬。"

从这段文字可以看到，通过使用半导体收音机、电视机等民生电子设备，海外对日本的看法发生了翻天覆地的变化。"Made in Japan"这个曾经意味着"既便宜又差"的标签，变成了"高科技、高品质"的代名词，而这正是晶体管的功劳。

3　向美国学习

我加入日立公司的时候，日美之间的技术差距就像相扑中的横纲和十两之间的差距一样大[注]，我每天就像是在借着美国横纲的胸膛进行练习一样。在美国发明晶体管的时候，日本还无法自由获取美国的技术文献。日本半导体领域的开拓者之一——田中昭二，也是东大名誉教授，回忆当时的情况时这样说道："几乎买不到学术期刊，那时候连新发行的 *Physical Review* 都没有见过，或许（东大的）教室里并没有这些期刊。虎之门有一个美国大使馆的分支机构，那里外国学术期刊大致齐全，在需要的时候，我会去那里，用手写的方式将内容抄录在笔记上。"（摘自《与半导体同行》电子情报通信学会志 2006 年 8 月刊。）

在 20 世纪 50 年代前半期，日本电机产业界看中晶体管并将其作为业务化的方向，各企业纷纷与美国的先进公司签订了技术引进合同。东芝、日立与 RCA（美国无线电公司）签订了技术合同，而索尼则与西部电气（Western Electric，WE）签订了专利合同。在这样的背景下，日本向美国学习的模式大致可以分为三种：第一种是基于技术合同的工程师派遣，第二种是参加学会，第三种是去美国的大学留学。通过这些合作项目，半导体的技术转移得以推进。

工程师派遣的案例

在签订技术引进合同之后，日本的各公司都将优秀的员工派遣到合作方，努力学习技术。例如，在索尼，负责晶体管开发的

⊖　相扑力士按运动成绩分为 10 个等级。横纲为最强者的称号，十两只是中等水平。——译者注

岩间和夫先生长期到西部电气公司出差，进行了详细的技术调查，并制作了详尽的报告。这份报告在公司内部被称为「岩间报告」，至今仍被妥善保管。

在日立半导体，宫城精吉先生作为第二代武藏工厂厂长，在技术转移方面发挥了先驱作用。关于宫城先生在 RCA 长期出差时的报告，NHK（日本广播协会）出版的《电子立国——日本的自传（上）》中，大野稔先生的采访文章是这样介绍的：

"宫城先生在画草图方面非常擅长，将半导体的各个工艺流程的设备、零部件材料，甚至操作者的动作都细致地整理在报告书中，使得阅读者能够轻松理解。一份报告书大约有 30 页（A4 纸），十五份报告都被保留着。这样的报告风格，对于后来日立派出的出差人员来说，成为典范。"

根据技术合同被派遣的技术人员在美驻留期有时会达到数月甚至一年，这对从美国向日本的技术转移发挥了重要作用。

参加学会的情况

半导体相关的国际学会如今在全球各地频繁召开，美国无疑占据领导地位。被誉为"半导体奥运会"的国际固体器件电路会议（ISSCC），作为半导体新技术、新产品的发布场所，已经发展成为一个数千人规模的大型学会，而最初的会议是在 1954 年召开的。虽然 1954 年这场会议名为"国际"会议，但实际上除了美国人之外，仅有日本和加拿大各一人参会。

同时期，以半导体器件工艺为主题的国际电子器件会议（IEDM）也应运而生，与 ISSCC 并列为半导体领域的两大学会。

对于日本的半导体技术人员来说，学会上的信息极为宝贵，因此许多技术人员都参加了。日本的参与者为了尽可能更好地获取信息，常常会尽量坐在会场的前排，并准备好相机。每当出现有价值的幻灯片时，他们就会迅速拍摄，咔嚓、咔嚓的快门声在昏暗的会场中回响。这样的异常景象引起了部分参会者的不满，最终学会出台规定限制了这种行为。回想起自己刚起步的时候，也曾参与过这样的行动，内心不禁有些羞愧。

我第一次参加半导体学会是在 1966 年，那时我得到日立公司的资助在美国留学，参加的是 ISSCC。当时，半导体研究开发的中心是在美国东海岸，因此 ISSCC 也在东海岸的宾夕法尼亚大学举行（注：现在的 ISSCC 在西部海岸的旧金山举行）。我出席了这个学会，受到了巨大的冲击。我第一次听到了 LSI（大规模集成电路）这个词，并了解了相关情况。可以说，我在留学期间最大的收获就是与 LSI 的相遇。回国后的报告中，我强调最多的观点是："日立也应该尽快开始 LSI 的研发。"

留学的情况

到了 20 世纪 60 年代，日本的许多半导体公司都建立了公司资助的海外留学制度。我也是通过留学在美国学习的一员，我想介绍一下这个事例。加入日立公司五年后，我在得到上级的推荐后提出申请，从 1965 年开始在斯坦福大学学习了一年。当时的教授阵容包括半导体技术的先驱，如约翰·林维尔、约翰·莫尔、鲍勃·普里查德、杰拉尔德·皮尔森等，他们如明星般闪耀，而晶体管的发明者威廉·肖克利也作为非全日制教授在斯坦福大学的电子工程系；该系以系主任约翰·林维尔为核心，在全美各校早早地将课程重心从电子管转向了半导体，扮演了硅谷智囊团的角色。

就我个人而言，林维尔教授是一位宝贵的顾问和导师，给予了我许多重要的建议。回顾过去，人生中有许多意外的"相遇"，而在斯坦福与林维尔教授的相遇对我来说极为珍贵，他是我在半导体人生中的重要贵人之一。

以下是我留学期间印象深刻的一些事情：

（1）广阔而美丽的校园环境。由于校园过于宽广，从一间教室移动到另一间教室时，自行车成为必需品。此外，校园旁边有一个出色的高尔夫球场，汤姆·沃森和泰格·伍兹就是从这里开始，后来成为世界级高尔夫选手。

（2）教授们的教学方法非常出色，他们非常亲切且很有耐心，会一直解答学生的提问直到学生完全理解。有些教授每周都会布置作业并进行评分，在学期中期和期末都会进行考试。此外，期末时还有学生评价教授的制度。

（3）计算机编程是所有学生的必修课。斯坦福大学的计算机中心配备了巴洛斯公司的大型计算机。学生需要学习一种被称为"ALGOL"的语言，并在最终考试中实际使用计算机解决给定的问题（例如迷宫问题等）。这让我感受到了推动美国社会计算机化的原动力。

（4）广泛接纳留学生的做法非常好且准备充分，很多人回国后都留下了"在美国学习真好"的印象。比如寄宿家庭制度、与留学生一起去约塞米蒂国家公园旅行、在洛杉矶的新年聚会，以及"日本日"活动等，至今仍是我难以忘怀的美好回忆。

（5）学生之间隐秘的竞争非常激烈。那时正值越南战争期间，成绩不好的人被征召入伍的可能性很高。有一天，一位美国学生来找我，说："昨天没能去上课，希望能借阅你的笔记。"我建议他："因为不能用英语完全跟上课程，所以我的笔记也不完整，你可以向你朋友借。"但他却说："美国同学之间有竞争关系，不好意思借。"由于武士观念的情结，我对展示自己的缺陷而感到羞耻，但是，我还是把我的笔记借给了他。那时，我感受到了战争投下的微妙阴影。

（6）硅谷企业与大学的产学研合作。大学不仅扮演着研究开发的领头羊角色，同时也在培养有能力的人才。企业不仅参与共同研究计划，从财政上支持大学，有时还会派遣讲师到大学讲课。对于硅谷的发展，斯坦福大学扮演了极为重要的角色。

在我的半导体生涯中，约翰·林维尔可称之为贵人。这里时间暂时跳跃一下，1990年春天，我邀请约翰·林维尔夫妇去了圣何塞（加利福尼亚州）的一家日本料理店（如图1-4所示）。虽然先生已经退离一线，但他依旧精神矍铄，让回忆的话语如花般绽放。有关斯坦福的记忆，至今仍然鲜明地铭记在我的心中。

图1-4　与约翰·林维尔教授夫妇的合影（1990年4月）
（从左至右：林维尔夫人、林维尔先生、笔者、安井德政先生）

4　晶体管的发明

晶体管是从新兴固体器件（半导体器件）的广泛基础研究成果中诞生的。推动这项研究的关键人物是1936年成为贝尔研究所研究部长的梅文·凯利（Mervin Kelly）。凯利长期以来一直从事电子管的改良研究,但在认识到电子管所具有的根本局限性(即体积大、加热灯丝所需的电力消耗大、寿命短等问题)后,他立志开发基于完全不同原理的器件。为此,他组织了"固体物理研究小组",并让威廉·肖克利、约翰·巴丁(John Bardeen)、沃尔特·布拉顿(Walter Brattain)等人参与到这项研究中。

1947年12月,上述成员发明了晶体管,并于当月23日向公司高层展示了这一发明。因为晶体管诞生于圣诞节前夕,所以晶体管被戏称为"20世纪最大的圣诞礼物"。

图1-5展示了当时发明的晶体管结构,它是在锗的基板(基底)上放置两根间距很小的钨针(分别作为发射极和集电极)并使其与基板接触,这种结构被称为点接触型晶体管。

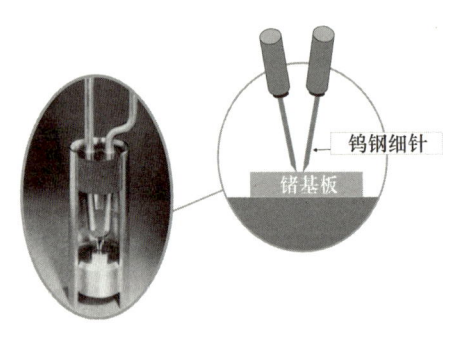

图1-5 点接触型晶体管(西部电气公司制造)

晶体管在普通报纸等媒体上公开是在发明半年后的1948年6月30日,但当时各报纸的反应相当冷淡。例如,《纽约时报》在次日的晨报中只刊登了一篇简短的介绍文章:"被称为晶体管的新型电子器件,可以应用于使用电子管的各种电子设备,如收音机等。"

据说这条新闻传到日本是在美国发布后大约过了半个月的七月中旬。提供信息的是担任联合国军最高司令官总司令部(GHQ)民间通信部研究部长的F·Pokinghon先生。接到这一信息的是当时电气试验所所长驹形作次先生和东北大学教授渡边宁先生。

回顾过去,这个发明可以说是半导体产业的"大爆炸"、划时代的大发明,但从点接触型的结构来看,其缺乏稳定性和可重复性,实用化存在困难。从实用性角度出发,肖克利经过反复研究,最终在 1949 年提出了"接合型晶体管"的想法。但是,要实际制造它却遇到了困难,直到两年后的 1951 年 7 月,才成功地试制出了样品。至此,可以说真正能够替代电子管的晶体管时代拉开了序幕。后来(1956 年),由于这样的成就,肖克利、巴丁和布拉顿三人被授予诺贝尔物理学奖。

贝尔研究所于 1951 年 9 月举办了关于晶体管的第一届研讨会,公开了点接触型和接合型晶体管的详细信息。并且,掌管这一晶体管专利的西部电气公司决定以 25000 美元的价格公开这项专利。

在 1952 年 4 月,该公司针对支付了专利费用的企业举办了第二届研讨会。这次研讨会的发表内容被记录整理成《晶体管技术》一书,于同年夏天出版。这本书后来在世界半导体研究中发挥了如同"圣经"一样的作用。毋庸置疑,在日本,这本书对于开始涉足晶体管的企业和研究机构来说,也起到了重要的推动作用。

5 硅谷的起源

接合型晶体管的开发使像收音机这样的应用领域得以拓展,成为晶体管产业起飞的契机。此后,具有划时代意义的器件开发也持续发展。其中特别值得一提的是 1954 年德州仪器(TI)公司开发的硅晶体管。这种硅晶体管的使用温度范围、电流范围、耐高压性得到了显著改善,为电视机等应用领域开辟了道路。另外,由于 1955 年面结型晶体管的开发,使基区宽度比以往的结构变得更薄且更均匀,因此高频特性大幅度提升,使得晶体管能够用于电视调谐器等设备。

作为贝尔研究所晶体管研究领导者的肖克利，在研究方面虽然拥有极其出色的头脑，但另一方面，他疑心较重，不擅长建立人际关系。因此，晶体管发明者之一的巴丁在 1951 年离开了贝尔研究所，转投伊利诺伊大学，而布拉顿也换到了另一个小组。

另一方面，肖克利为了自己成立半导体公司而寻找投资者，他遇到了经营测量仪器公司的帕克曼，并请求其提供帮助。双方达成协议后，于 1956 年 2 月，在斯坦福大学附近的 Mountain View 成立了"肖克利半导体研究所"。

肖克利给全美优秀的技术人员打电话，聚集了二十五名员工。其中包含了后来成为英特尔顶尖人物的罗伯特·诺伊斯和戈登·摩尔等杰出成员。然而，在肖克利研究所，由于肖克利性格偏执，与员工之间的纠纷不断，最终在 1957 年，以罗伯特·诺伊斯为中心的八名成员集体辞职。

他们因此被肖克利贴上了"八个叛逆"的标签，但他们向纽约的 Fairchild Camera and Instrument 公司总裁提出了自己的想法，并获得了该公司的投资，从而成立了仙童公司（Fairchild Semiconductor）。如今，肖克利半导体研究所已经不复存在，但其旧址被视为硅谷的发祥地。

仙童公司在晶体管和 IC 领域取得了飞跃性的进展，但诺伊斯与母公司的意见不合，在 1968 年，与摩尔一同独立出来创立了英特尔。除了英特尔，AMD、National Semiconductor、LSI Logic 等公司也相继独立，这样的动向进一步扩散开来。从 Fairchild 分离出来的企业被统称为 Fairchildren（Fairchild 的孩子们），这些"孩子们"的扩散延续到今天硅谷的发展。

随着时间的推移，到了 2018 年，美国电气和电子工程师协会（IEEE）将门洛帕克（又称门洛公园）的肖克利半导体研究所旧址正式认定为"硅谷诞生地",并举行了纪念仪式。如今,该地已经建造了纪念碑。

6　IC(集成电路)的发明

在构建当今 IT 社会的过程中,集成电路(IC)的发明所扮演的角色极为重要,难以用言语尽述。2004 年,在为了纪念 IEEE Spectrum 杂志创刊 40 周年而进行的问卷调查中,英特尔公司时任董事长克雷格·巴雷特(Craig Barrett)这样回答:"如果没有 IC,那么个人电脑和移动电话可能会变得像大楼一样庞大。"这句话简洁地表明了 IC 发明所具有的巨大影响力。今天的 IT 社会正是由 IC 的发明及其后续的技术创新所带来的。

晶体管发明后大约 10 年,即 20 世纪 50 年代后半期,半导体开始广泛应用于军事需求、计算机、民用设备等多个领域。随着系统变得更大、更复杂,出现的问题就是部件之间相互连接数量的增加。由于布线数量和焊接点的增多,系统的性能、成本、可靠性、重量和尺寸等方面都受到了极大的限制。这个问题被称为"数量的暴政"(Tyranny of Numbers),作为产业界的共同问题,人们从各个角度寻求解决方案,推进技术开发。

尤其是军工产业高度重视这个问题。在美苏两大国对峙的冷战时期,能够将洲际弹道导弹发射得更远是一个重大的课题。这一需求的精髓被概括为"One pound lighter, one mile further.",即"再轻一磅,再多飞一英里(更轻更远)。"这表达了军工的愿望。

德州仪器公司(TI)也为了应对这一挑战,与军方进行了共同开发。他们采用了一种被称为微型模块(micro-module)的技术,该技术将晶体管、电阻、电容器等电子器件安装在超小型尺寸模块上。公司的杰克·基尔比也是开发成员之一,他对这种方式提出了疑问，经过反复思考后提出了一种超越上述做法的独特方案。由此产生的想法就是"单片集成"的概念。所谓"单片"（monolithic）原意是"一块石头"的形容词，即在一块半导体基板上集成各种电子器件的方法，这也是今天 IC 的基本概念。

基尔比发明 IC 是在 1958 年 7 月 24 日。正如这个日期所示，那天是盛夏时节，大多数同事都在休假。当时 34 岁的他因为刚从其他公司转职过来，还没有获得休假，因此独自留在了实验室。然而世纪的大发明就在这个时候诞生了。

基于他的想法，振荡电路的样品制作很快就开始了。同年 9 月 1 日完成的样品在高管们的见证下成功起振。以此为契机，TI 公司决定将基尔比发明的单片 IC 方式作为主要方向，取代微型模块方式。

而在另一边，仙童公司的罗伯特·诺伊斯几乎晚了半年，在 1959 年 1 月 23 日，基于平面技术（在平坦的基板上进行布线的方式）构思了 IC 的基本概念，并在研究笔记上记录下来。虽然诺伊斯比基尔比晚了一步，但诺伊斯的发明包含了今天 IC 实现中不可或缺的基本要素。也就是说，基尔比的发明中，基板上元器件之间的连接是通过打线来实现的，而诺伊斯的方式是通过在基板氧化膜上蒸镀金属膜来实现的。从今天的角度来看，诺伊斯的方式更为优美简洁、更先进。

IC 的发明者，是发明了基本概念的基尔比，还是发明了更具实用性方法的诺伊斯？在此后的十年间，围绕专利权的归属问题，展开了一场法庭斗争。期间法庭斗争的经过在 T·R·里德著的《The Chip》（日译《芯片的制造》，草思社，1986 年）中有详细的描述，但在这里我们只介绍其概要。

实际上在发明 IC 的时间点上，诺伊斯是落后于基尔比的，但由于诺伊斯的专利申请时间点更早，因此最初的专利被授予了诺

第 1 章 半导体的黎明期 19

伊斯。然而，由于基尔比证明了其研究笔记上的记载比诺伊斯更早，因此形势逆转，专利变成了基尔比的，但争议并未因此解决。此后，举行了关于双方专利立场的听证会，由于一位半导体权威人士的证言，大意是"仅凭基尔比的一项专利实际上无法制造 IC"，判决再次对诺伊斯有利。对此，基尔比全力以赴进行反击。就这样，在来回往复的争议中，TI 公司和仙童公司的顶层进行了会谈，最终决定 IC 的发明由基尔比和诺伊斯共同分享。直到今天，还有"基尔比和诺伊斯是 IC 的共同发明者"这样的表述。

时间来到了 1991 年 10 月。由于 Advantest 公司的关照，在基尔比访日时，我有幸与他共进晚餐。最初留下的强烈印象是他那威风凛凛的体格。其次，他不矫揉造作，用低沉而粗厚的声音缓缓地交谈，就像平原上的大河缓缓流淌一样沉稳。

能够直接聆听"世纪大发明人"满怀深情地讲述当时的情形，确实是一件荣耀且有益的事情。图 1-6 是当时拍摄的照片。

图 1-6 与 IC 的发明者杰克·基尔比（左）愉快交谈

基尔比在2000年获得了诺贝尔物理学奖，遗憾的是，那时诺伊斯已经去世，因此这可能被认为是基尔比的单独获奖。基尔比本人也偶尔会提到，"关于IC，诺伊斯也有类似的想法，并且也考虑了实现手段"，如果诺伊斯还健在的话，诺贝尔奖（与专利的情况一样）可能会是两人共享的。

接着，仙童公司最初将IC作为商品发售，那是在1961年的事情。由于其中的有源器件使用了双极型晶体管，因此被称为双极型IC。此后，IC领域经历了各种技术开发的历程，成为半导体技术创新的核心，一直发展到今天。

到了1964年，TI公司以及其他公司发布了MOS IC，接着在1968年，RCA公司发布CMOS IC。

CMOS IC的特点是功耗极低，但由于速度慢且价格昂贵，起初仅限于军工等特殊领域。促使它开始被大量生产的契机是，在日本它被应用于钟表和计算器。当时，半导体主流产品，如内存和微处理器等，使用的是NMOS IC。

到了1970年末，虽然CMOS的高速化技术由日立开发出来，但并没有成为半导体主流器件。关于这一历程的详细情况，将在第3章中进行详细描述。

目前，半导体技术的开发需要大量技术人员和巨额资金。虽然不能简单地将发明IC的当时与现在进行比较，但基尔比和诺伊斯的发明都是在没有依赖大量资源的情况下，仅凭一位技术人员的洞察力和想象力而实现的。这表明，在技术开发过程中，对未来的洞察力和想象力远比人数和资金的多寡重要。

第 2 章
LSI 时代的开启

1　迈向 LSI 的胎动

由杰克·基尔比和罗伯特·诺伊斯在 20 世纪 50 年代末发明了 IC，自仙童公司在 1961 年将第一个 IC 商品化以来，技术创新的步伐非常惊人，集成度（芯片内集成的元件数量）每年都在持续增长。在这个延长线上，迎来了大规模集成电路（LSI）的时代。

LSI 概念的萌芽可以追溯到 1964 年 E·A·Sack 等人在《IEEE 会议录》上发表的文章中找到，这篇文章名为 "Evolution of the concept of a computer on a slice"（片上计算机概念的进化）。这个表述虽然与实际情况相去甚远，但可以说正确地指出了 IC 的未来发展方向。

第二年，戈登·摩尔对 IC 的集成度增长进行了定量研究，并提出了"IC 的集成度每年成倍地增长"的结论。进一步将这个趋势延伸，他大胆预测集成度 10 年后将增长到 1000 倍。这就是后来著名的摩尔定律。摩尔的论文中没有出现 LSI 这个表述，但是，他的延长线上已经清晰地预见到 LSI 时代的到来。

到了 1968 年，与 LSI 相关的话题在学术界和半导体产业界变得非常活跃，电气学会的杂志在这一年开始刊登关于 LSI 的连载解说文章。我也被委托撰写关于"LSI 的制造技术"主题的文章，并投稿了一篇长达 10 页的解说文章。

那时，为了实现 LSI，提出了许多方案。各公司的方案可以分类如下：

1. 单片方式（LSI on Slice）

（1）选择配线方式

这种方式首先按照通常的 IC 制造方法制作单元组织（Cell，如门或触发器等）的阵列，并通过预测试来判断组织的好坏。将这些信息输入计算机，只使用好的组织，根据所需的功能生成配线图。根据这个配线图制作掩模，并采用多层配线方式来制造 LSI。这种方式是由德州仪器（TI）公司推出的技术，在良率较低时效果显著，但随着良率的提高，其优势逐渐减弱，并没有成为主流。

（2）主切片方式

预先准备单元组织的阵列，根据用户的需求设计相互配线的掩模，并采用多层配线方式来制造 LSI。在仙童公司，这种方式被称为微矩阵，LSI 中包含了 32 个门等。这种方式后来发展成为门阵列方式。

（3）特定功能方式

根据用户的需求专门设计满足这些需求的电路，并使用这些掩模来制造 LSI。虽然设计过程较为烦琐，但可以实现最小的芯片尺寸，在大量生产时具有优势。这种方式作为定制 LSI 的量产方式，一直延续至今。

2. 混合方式（LSI on Substrate）

（1）面向下的贴装方式

这是一种将芯片表面朝下（面向下）粘接到预先布线的陶瓷（或其他材料）基板上的方法总称，具体实现手段因公司而异。这种方式被用于面向主框架的逻辑运算电路等实际应用。

（2）梁式引线方式

使用从芯片中引出的金合金制成的引线，以面向下的方法连接到陶瓷等基板。这种方式是由贝尔实验室开发的技术，作为高可靠性、高性能的 LSI 生产方式，被寄予厚望，但并未实现大量生产。

（3）SOS 方式

在蓝宝石基板上通过外延法来制作硅的单晶层，并在其中制作半导体器件。这种方式由奥特纳提克斯公司开发。由于当时技术尚未成熟，晶体管的电流放大率只有 2~20 左右，因此未能实现实用化。

如上所述，当时的 LSI 给人一种"概念先行"的感觉，许多技术开发是并行进行的。然而，从商业实质来看，它们就像是"蹒跚学步"。这些技术经过筛选，逐渐聚焦于单片型。在半导体漫长的历史中，60 年代后半期可以说是面向 LSI 的试错时代，可以称之为迈向大规模集成电路的胎动期。

2 计算器开创的 LSI 时代

如前所述，我第一次听到大规模集成电路（LSI）这个词是在 1966 年 2 月，当时我正在斯坦福大学留学，并出席了国际固体器件电路会议（ISSCC）。在这个会议上，作为 IC 的发明者已经声名鹊起的杰克·基尔比发表了关于 LSI 的演讲。当时的 IC 集成度最多只有几个门,而他谈论的是能够集成数百个门的技术,这给我留下了深刻的印象。留学归国后,我在向上司汇报时特别强调了 LSI,并提出了"日立也应该尽快为 LSI 时代做准备"的建议。

当时的上司伴野正美先生和柴田昭太郎先生接受了这个提议。回国一年后的 1967 年,我被调到了中央研究所,在那里我加入了永田穰先生的团队,从事 LSI 的研究。然而,我参与 LSI 研究工作的时间并不长。第二年即 1968 年,我又被调回到武藏工厂,担任设计课长,为启动 LSI 项目做准备。在日立,每年调动几乎是没有先例的,并不常见,但那时是半导体领域即将展翅起飞的时期,所以即使是没有先例的事情,也没有犹豫。

1964 年,夏普(当时是早川电机工业)发售了世界首款计算器,这是计算器产业的起点。这款计算器(CS-10A)使用了锗晶体管,售价为 53 万 5000 日元。紧接着的 1965 年,推出了使用硅晶体管的机型,价格降至 50 万日元以下,作为商品大获成功。随后的 1966 年,又实现了使用双极型 IC 的计算器的产品化,在接下来的第二年,推出了由 MOS 型 IC 构成的计算器型号,价格降至 23 万日元。几乎每年都有采用新半导体技术的新产品推向市场。

到了这个阶段,"继 MOS IC 之后是 MOS LSI"的方向变得明确,推动这一进程的中心人物是夏普的佐佐木正先生。佐佐木先生首先访问了国内半导体制造商(如日立、三菱、NEC 等)的高层,探讨了 MOS LSI 的开发和量产,但得到的回应是"LSI 技术尚未成熟,时机尚早",因此谈判并不顺利。

1968 年 5 月,佐佐木先生前往美国,访问了包括仙童公司、德州仪器公司、美国安迈(AMI)公司在内的总共 11 家公司,但这些谈判都以失败告终。最后,在与 North American Rockwell 公司的第二次商业谈判中，终于达成了协议。据报道，这次交易的 LSI 数量达到 300 万个，金额达到 3000 万美元（单价 10 美元），被称为 LSI 史上最大的交易。这次谈判对日本计算器制造商和半导体制造商都产生了强烈的影响。

在这个时期，日立制作所的计算器业务由龟户工厂负责，公司讨论了集中全公司的力量推进 LSI 化的方案。1968 年 10 月，龟户工厂提出了"在 1970 年里实现全 LSI 计算器商品化"的目标，LSI 的数量被定在 10 个以内。紧接着，1969 年 1 月 4 日，LSI 开发的特别研究（在日立的研究开发体系中被称为"特研"）正式启动。团队成员来自龟户工厂、中央研究所和半导体事业部，我也成为常驻成员。

在"特研"进行中的 3 月，夏普首次发布了 LSI 计算器（QT-8D）的产品（如图 2-1 所示）。这款由四个 LSI 和两个 IC 组成的计算器，在小型化和轻量化方面远远胜过传统的产品，而且价格仅为 98000 日元，是首次跌破 10 万日元的划时代价格。这款计算器的登场，标志着正式开启了 LSI 时代的大门。

图 2-1　首款 LSI 计算器（夏普 QT-8D，1969 年）

3 哇！意外的 LSI 人事变动

在这样的 LSI 时代背景下，日立于 1969 年 11 月进行了前所未有的人事和组织架构的大改革。当时日立的基本组织结构是"以工厂为中心"，设计、制造、管理等业务运营的关键职能都集中在"工厂"。也就是说，工厂就像是"一国一城"，工厂长就是那个城里的头。

改革后的新制度在半导体部门首次承认了例外，转变为"以事业部为中心"的组织结构。这是打破先例，改变基本组织结构的事情。工厂专注于"How to make?"（如何制造出好的产品），而事业部则将重点放在营销、规划和开发上，即"What to make?"（制造什么产品）的体制。

原本日立的主力产品是发电机、电梯等工业电气产品，客户数量有限。因此，对于"What to make?"的问题由顾客详细指定，日立则集中精力在"How to make?"就行了。然而，在半导体的情况下，顾客遍布全球，数不胜数。因此"What to make?"是公司自己不得不考虑的问题，这将决定公司在市场上的竞争能力。通过这次公司改革，公司组织体制发生了如下变化：设计开发部门归入了事业部的所属，工厂专心于制造。

随着公司组织体制的变更，在人事方面，也进行了大幅度的青年选拔，我在三十二岁时被任命为"产品开发部长"。这是整个日立历史上最年轻部长的纪录。"工艺开发部长"的西田澄生先生是 33 岁，比我大一岁。

这次选拔年轻人的人事变动被各种报纸和杂志等报道，但最大的报道是图 2-2 所示的《富士日报》（1969 年 12 月 7 日）。报道占用了整个版面。版面的顶部写着《哇！意外……董事会、贺电的朋友、本人》的标题。这是当时街头巷尾的流行语（原文是："アッと驚く為五郎"），源自电视戏剧中的台词，表示意外、惊讶，其在报道中被引用。标题下方是我的大头照，左边是："'野人'日立三十二岁部长"、"花一样的电子·年轻头脑"，右边是"入社 10 年，同期的樱花、惊艳"等标题。

图 2-2 《富士日报》的头版文章（1969 年 12 月 7 日）

另外，邮报周刊的头条报道中，以"'经营战舰'日立提拔的三十二岁部长……以'晋升缓慢'而闻名的猛犸企业，为什么会下定决心？"为标题进行了报道。

在这种情况下，至今难忘的是当时知名作家城山三郎先生对我的采访。我在一个小时的采访中一直很紧张，但之后拜读了采访报道，发现对方非常细致地整理了内容，让我既感到敬畏又感到安心。

这样的组织架构大转变和人事的大幅年轻化，对于以工业电气领域为中心的日立来说，是一次前所未有的重大改革。据说这是接受了当时半导体部门的骨干武井忠之先生和伴野正美先生的提案，最终驹井健一郎社长英明决断的结果。"为了迎接 LSI 时代的到来，在电子领域应该发挥年轻头脑的作用，开辟新的道路"，这是社长的决断，也是体制的更新。这可以说是象征着当时日立的活力和灵活性的改革。

另一方面，对于日立这样的大公司来说，这样的破格提拔和晋升并不是仅仅让人感到高兴的事。我现在还清楚地记得，一位熟悉公司内部情况的前辈给我的建议："这次你获得非同寻常的提拔确实是非常光荣的事情，这在我们公司的工业电气领域原本是不可能发生的。这意味着你成了'高出森林的大树'。别忘了，'木秀于林，风必摧之'。"

这位前辈没有明确表达的是，日立的主流领域是工业电气，而半导体则是支流。支流如果过于突出，就会遭到打击。一开始，我并没有完全理解这一点，但经过几年的经历，我终于明白了这句话的真正含义。

4　LSI 业务的崛起

1969 年 1 月启动的日立"特研"项目，在 3 月受到夏普 LSI 计算器发布的刺激后加速推进，并取得了超出预期的成果。到了 1970 年 5 月，我们赶上了以"国产首款 LSI 计算器成功"为内容的新闻发布。虽然比夏普的发布晚了一年多，但我们还是获得了"国产首款"的荣誉。

在这个成果的基础上，半导体事业部的骨干访问了计算器制造商的顶层，传达了"我们公司现在也能够量产计算器用 LSI。我们已经建立了定制设计的体制，随时可以接受订单"的信息。

当时，我通过年轻人才选拔被晋升为产品开发部部长约半年，负责应对众多客户 LSI 开发要求的工作。客户中包括了夏普、卡西欧、理光、立石、索尼、兄弟、佳能、欧利碧提等几乎所有的国内外计算器制造商。我们的一个优势是早早地开发并使用了计算机设计系统（CAD 系统），并建立了实行大规模定制设计的相应体制。

关于众多的定制产品开发，我有着各自不同的记忆，但其中我想介绍两个难忘的项目。第一个案例是针对理光的计算器 LSI 的开发，公司内部称为"黑色约翰尼项目"。

1971 年 11 月 5 日，理光的干部来访，就下一款计算器所需的 2 块 LSI 芯片开发进行了初步探讨。理光方面表示，他们的原理设计将在年内完成，希望我们能在 1972 年 3 月完成样品，以便在 4 月 20 日于德国汉诺威举办的展览会上展出，并从 4 月底开始量产发货。他们还附加了一句："如果你们能遵守这个时间表，我们会送出两瓶约翰尼·沃克。"这里的约翰尼·沃克是指"约翰尼·沃克黑标"，当时它是高级威士忌的代名词。

理光的干部在访问日立之前，已经访问了当时被视为 LSI 领域最强的美国 AMI 公司，并探讨了开发事宜。AMI 公司因为觉得这个时间表过于紧张而犹豫不决，最终没有达成协议。随后的日立开发咨询就是在这个背景下进行的。在听取了实际负责的松隈毅等技术人员意见后，我决定接下理光的"黑色约翰尼项目"。

这个项目对于我们 LSI 的开发能力来说，就像是一块试金石。

在布线设计上，我们做了双重、三重的检查，确保万无一失，并且将所有流程，包括掩模制作，都按照"特急"来处理。

最终，第一个试制品成功运行，我们按时履行了对理光的承诺。

这款机型是一款带有打印功能的 10 位数计算器，作为理光的战略机型，以"天天 P"的昵称广泛发售。

理光如约送来了两瓶"约翰尼·沃克"，我们举杯庆祝。在此之前，行业内的定论是：美国的 LSI 技术领先，日本落后。但这个项目的成功颠覆了这一成见。对于我们开发团队来说，"约翰尼·沃克"的味道特别不同寻常，而且，"我们打败了 LSI 最强的 AMI 公司"所带来的喜悦和自信更是无与伦比。

第二个案例是与卡西欧的共同开发。这就是后来在电视广告中以"一炮而红，卡西欧迷你"而闻名的计算器的 LSI 开发，它是业界首款单芯片计算器。1972 年 3 月 9 日，卡西欧负责计算器的干部来访。这项开发非常关键，严守日程是最重要的。他们希望我们在 5 月中旬完成样品，6 月出货一万片，7 月出货两万片 LSI。而且，LSI 的价格要控制在 1500 日元以下。

这是一个时间非常紧迫的项目。接下这个项目后，开发工作日夜兼程。幸运的是，打样品比计划提前完成，而且一次就成功运行。6 月，卡西欧的干部再次来访，提出了进一步增加产量的要求。他们要求 7 月达到四万片，8 月达到十万片，9 月更是达到了前所未有的二十三万片。

然后，如图 2-3 所示，卡西欧在 8 月隆重发布了六位显示的计算器"卡西欧迷你"。

这款产品采用了极其新颖的概念。当时的计算器至少有八位显示，但它被缩减到了六位显示，必要时可以通过切换显示来得到十二位数的答案。尺寸缩小到传统机型的约四分之一，实现了

图 2-3 "一炮打响！卡西欧迷你"计算器（1972 年）

可以放入口袋的大小。更具冲击性的是，其价格定为一万二千八百日元，仅为之前价格的三分之一。电视上反复播放了"一炮打响！卡西欧迷你"的广告（歌曲：冈田恭子），进行了大规模的宣传。

卡西欧迷你计算器爆炸性地畅销。公司的网页上报道：产品发售十个月，销量突破了百万台，最终生涯销量达到了一千万台。这款机型对计算器市场的走向产生了巨大影响。在多达六十五家计算器制造商的激烈竞争中，开始有公司因无法承受竞争而退出。另一方面，卡西欧则巩固了作为计算器行业领头羊的地位。

日立的 LSI 不仅大量供应给卡西欧，也供应给其他制造商，占据了很高的市场份额。卡西欧迷你计算器的巨大成功为 LSI 事业带来了更为强劲的助力。在 1972 年下半年，日立 LSI 的市场份额达到了 65%，可以说确立了一个压倒性的地位。由于计算器用 LSI 的成功，日立的半导体部门实现了"黄金时代"的巨大飞跃。

如前所述，成为日本半导体产业强大牵引车的是 1964 年夏普在全球首次实现产品化的计算器。让我们来看看这个势头是如何的猛烈。

在《电子工业五十年史》中，自 1965 年起就记载有计算器的生产统计数据，第一年日本全国的生产数量是 4000 台，销售额达到了 18 亿日元。随后，随着时间的推移，这个数字不断增长，其增长速度可以说是指数级的。到了 1970 年，生产数量首次突破 100 万台，达到 142 万台，到了 1974 年更是达到了 1500 万台，销售额达到了 1800 亿日元，计算器制造成为一个巨大的产业。也就是说，与 1965 年相比，数量增长了 3000 倍，销售额增长了 100 倍，市场规模大幅扩大。另一方面，单价也急剧下降，降至了原来的三十分之一。

在这样的情况下，日立整合了设计、制造和销售部门的力量，迅速崛起，并扩大了市场份额。自 1972 年下半年确保了 65% 的市场份额以来，尽管许多竞争对手纷纷出现，但在 1973 年仍能保持 50% 的市场份额。

能够确保如此高的市场份额的背后，除了干部的经营方针之外，还有销售部门和制造部门的拼命努力。值得一提的是，日立率先确立了 "LSI CAD 系统"。当时，市场上已经有许多计算器制造商加入，每家公司都要求开发定制 LSI。日立半导体部门的 CAD 系统成为满足这些要求的重要武器。

由于计算器用 LSI 业务的成功，1973 年，日立以 "计算器用 LSI 的 CAD 系统" 为题，获得了市村奖。市村奖是为了纪念理光三爱集团总帅市村清获得蓝绶勋章（1963 年）而设立的，旨在奖励为日本科学技术进步和产业发展做出贡献的团体或个人。

图 2-4 是颁奖仪式上的照片，我与中央研究所的永田穰先生、久保征治先生共同获奖。由于新技术的预研成果，日立的 LSI 事业取得了巨大的飞跃，我本人也感到非常满足，那是我最好的时刻。

右图从左至右分别为久保征治先生、笔者、永田穰先生
图 2-4　市村奖颁奖仪式（计算器用 LSI 的 CAD 系统，1973 年）

5　石油危机的冲击

日本的计算器产业在 1973 年达到顶峰之后，逐渐开始出现各种变化。出货量虽然增加，但价格却下降，销售额起伏不定，逐渐呈现出平稳的趋势。这就是人们所说的"计算器战争"的激化。由于计算器制造商的纷纷涌现和过度竞争，产品型号的更新周期缩短，LSI 的单价被拉低，产品寿命也变得更短。曾经的日立半导体发展牵引车——计算器用 LSI，在它的上空开始出现阴影。

就在主力产品势头开始减弱时，突如其来的石油危机的威胁开始逼近。

1973 年 10 月 6 日爆发的第四次中东战争是导火索。由于石油危机的冲击，世界经济陷入停滞，半导体市场也迅速下滑。1973 年虽然实现了超过 50% 的增长，但到了翌年的 1974 年，就像被踩了急刹车，增长率降至 10%，呈现出减缓趋势，到了 1975 年，更是出现了史上首次负增长，达到 -20%。

当时虽然没有"半导体周期"这个说法，但事后回顾，1975

年的经济衰退完全可以被称为"半导体周期经济衰退的第一波"。从那时起,直到今天,"繁荣之后突如其来的大规模衰退"这样的周期性现象已经多次出现。

到 1980 年为止,还有这样一种说法:"半导体周期的顶峰会在奥运会的那一年到来",但后来出现了多个例外,这个说法也就不再成立,半导体周期顶峰的到来是无法预测的。

日立半导体部门的业绩也在 1975 年急剧恶化,出现了严重的亏损。由于日立的传统支柱业务是工业电气领域,稳定性较高,但这样的案例对于公司来说也是第一次。从总部来看,半导体部门业绩的急剧下滑可能被视为异常状态,这成为强烈的压力并产生了反弹。因此,根据总部的意向,进行了前所未有的组织和人事变动。

当时,半导体事业部拥有武藏、甲府、小诸、高崎四个工厂,有四位厂长。其中的两个工厂(甲府和小诸)被降格为分厂。如前所述,在当时的日立组织系统中,工厂就像是一个独立的国家,厂长就像是那里的城主。

因此,将工厂降格为分厂的做法,几乎给人一种"家破人亡"的感觉。随着这次重组,半导体领域有许多干部被更换或降职处理。于是,为了重组半导体业务,工业电气领域的干部(这里用"A 氏"代称)被任命为半导体事业部部长。从那时起,日立半导体的经营迅速转向了工业电气模式。

在就任事业部部长之际,A 氏做的第一件事就是将已经"事业部门中心化"的组织结构,恢复到日立传统的"工厂中心化"。如前所述,当时的半导体事业部自 1969 年 11 月以来,并没有遵循日立传统的"工厂中心化",而是例外地采用了"事业部门中心化"的组织结构。在工厂中心化的情况下,How to make?(制造导向)被重视,而在事业部门中心化的情况下,What to make?

（市场导向）被重视。对于半导体来说，后者的方式被认为是更合适的。

在工厂中心化的情况下，严格的"预算主义"是业务运营的核心。每个工厂每半年都会制定关于销售额、收益、投资额等的预算，并要求严格执行这些内容。在工业电气领域，由于客户数量有限，预算与实际业绩的偏离较少。然而，在半导体领域，由于面向的是不特定的大量客户，准确预测市场几乎是不可能的，预算与实际业绩的大幅度偏离也并不罕见。

然而，从总部来看，这样的事情是难以容忍的。这次半导体业务亏损的主要原因，正是因为半导体部门异常地采用了事业部门中心化的做法，这是A氏得出的结论。

基于这个结论，在1976年12月，人事再次进行了重组。我所在的产品开发部，之前属于半导体事业部，现被纳入武藏工厂的组织结构中。并且在这个时候，自己也被解除了产品开发部长的职务。

我被新任命的职位是副技师长，负责事业部干部的职员业务。在此之前，我管理着拥有两百多名技术人员下属的最大部门，但作为副技师长，管理只有几个人的小组，落差巨大。另外，按照当时日立公司的惯例，从部长职位降格到副技师长之后，就别再希望回到管理层了。这是我进公司以来第一次遭遇的挫折，感觉像是跌入了深渊。

未来发展方向不明确，沉闷度日的我想起了七年前前辈对我说过的话（当时，年轻的我被破例提拔就任部长）："木秀于林，风必摧之，别忘了这一点"。这种事情现在仿佛成了现实。

另一方面，全球半导体领域的发展方向逐渐发生了重大变化。计算器市场因为"计算器战争"的激化，遭受到产品型号更新频繁和价格下降等困境，未来前景堪忧。这也揭示了"定制

LSI"模式的局限性，虽然这种模式曾经给日立半导体带来过辉煌。相反，以内存、微处理器等标准器件（通用产品）为中心的领域却呈现出增长势头。同时，以英特尔等新兴势力为中心的美国正占据压倒性领先地位，我强烈地意识到，美国有更多我们需要学习的东西。

考虑到如果按现状继续留在国内，看不到未来的方向和希望，因此我向事业部干部提出了在硅谷设立内存·微处理器相关设计据点的建议。我并没有预料到这个建议会被爽快地接受，并得到了"试着推进一下"的回复。

于是，我也将活动的重心转移到美国硅谷，开始了设立半导体设计公司的筹备工作。最初公司名称是 HICAL，是一家只有几名员工的小型创业公司。图 2-5 展示了 HICAL 成立时期的成员。这成为后来的设计公司 HMSI（Hitachi Micro Systems International）的前身。HMSI 在 20 世纪 80 年代到 90 年代期间，成为日立半导体部门的重要设计开发据点，并做出了巨大贡献。

图 2-5　HICAL 成员
（从左至右分别为笔者、前秘书、秘书、川胜文磨先生）

半导体行业的变化非常快。在我开始在硅谷活动不久后，日立公司内部提出了新的人事构想。由于内存·微处理器的时代即将到来，公司判断必须进一步强化这个领域。在此之前，内存·微处理器的开发是由 MOS LSI 开发部中的一个小组负责的，但现在这个小组被提升为独立的部门。

紧接着，正在美国的我被紧急召回国内，任命为负责内存·微处理器开发的部长（1977 年 8 月）。在当时日立的常识中，从副技师长回到部长职位是不可能的，但后来我听说，这个任命的背后，是因为了解半导体难度的前辈们向工业电气出身的事业部长强烈推荐说，"能胜任这项工作的只有牧本"。这件事我难以忘怀。能够得到在内存、微处理器这个未来半导体主战场上挑战的机会，让我感到无比兴奋和紧张。

第 3 章
日本的飞跃与日美摩擦

1　DRAM 称霸世界

在动态随机存取存储器（DRAM）领域，英特尔于 1970 年开发了 1Kb 的产品（1103）。此后，DRAM 每三年就会进行一代产品更新，市场竞争非常激烈。继 1Kb 之后，4Kb、16Kb、64Kb 的新一代存储器相继被引入市场。

这场竞争不仅影响了国家和企业的兴衰，也深刻影响了个人在半导体行业的人生，以至于让人有一种"DRAM 中似乎潜伏着怪物"的紧张感。回顾自己的人生，有时因为 DRAM 的顺利发展而得到晋升，有时又因为其不振而遭受降级的辛酸。

日立首次开发 DRAM 比英特尔晚了三年，始于 1973 年。首款产品与英特尔的 1Kb DRAM 的 1103 兼容。当时，各半导体公司都在开发与英特尔产品相兼容的产品，这成为事实上的标准（de facto standard）。因此，英特尔在这个时代成为绝对的领导者。

然而，到了 4Kb 时代，情况发生了巨变。由于美国的几家大公司分别推出了各自不同规格的产品，从标准化的角度来看，造成了巨大的混乱。仅封装的引脚数就有 22 引脚型（英特尔、摩托罗拉）、18 引脚型（TI）、16 引脚型（Mostek）等，各种不同的产品被引入市场。此外，存储单元的方式也存在多种多样的方案，如 4 管 MOS 型、3 管 MOS 型、单管 MOS 型，电源电压也各不相同。产品以各种方式在速度、功耗、芯片面积方面权衡利弊、兼顾得失。

日立对于 4Kb DRAM 的开发计划随着市场上不断出现的各种产品而反复调整。结果，就这代产品，我们开发了六个系列，资源分散，效率下降。最终，日立的 4Kb DRAM 没有取得重大成果就结束了。与其说是技术水平低，不如说是没有在充分把握市场动向的基础上制定出合适的产品规划。

在这样的混战中，Mostek 开发的"单管 MOS 型单元、16 引脚型封装"的产品最为精炼，后来成为新的主流，变为了对标的对象。

在美国业界内部，4Kb 时代产品的乱象和规格的混乱引起了反省。为了避免这样的乱象，行业加强了对产品的标准化。我第一次了解到这项活动是在 1976 年 11 月，从巴尔茨公司的里斯·布朗先生（半导体部门的工程师）那里得知的。通过他的介绍，我出席了美国电气和电子工程师协会（IEEE）东部地区的标准化会议，并从中获得了许多启发。后来，这类会议被电子元件标准化团体（JEDEC）继承，我也参加了 1977 年 4 月的 JEDEC 会议。

之后，日立将这个会议定位为非常重要的会议，不仅参与出席，还积极地进行提案活动。在 16Kb DRAM 的开发上，我们为了避免重蹈以前的覆辙，在产品规划上投入了极大的精力。我们根据业界动态和客户反馈，对产品规格、电源电压、封装外形、引脚配置等进行了详细的审查，最后决定产品。也就是说，我们致力于

"产品规格的定义"（Product Definition）做到万无一失。当时，尽管在 16Kb DRAM 领域 Mostek 是领跑者，但日立也在 1978 年中期达到了月产十万片以上的水平，并获得了国内外客户的好评。

在这样的背景下，我们接到了一个前所未有的重大项目，来自当时世界最大的计算机公司 IBM。经过几次预备会议，这个项目正式在 1979 年 6 月启动。这个项目的代号由 IBM 命名为"驯鹿项目"（Caribou Project）。Caribou 是北美地区驯鹿的一种。

驯鹿项目的产品是由两个 16Kb DRAM 上下重叠放置而构成的 32Kb 存储器。一个看起来像是"背着"另一个，因此也被称为"背负式存储器"（Piggyback Memory）。这可以说是今天封装体叠层（Package on Package，POP）技术的先驱。

对 IBM 公司来说，这也是最重要的项目之一。1980 年 2 月，阿尔·西斯曼先生领队，IBM 公司的相关干部访问了日本，并视察了位于函馆的组装工厂（如图 3-1 所示）。正如照片所示，工厂外积满了雪。

图 3-1　在函馆集结的驯鹿项目成员（1980 年 2 月）

IBM 提出的预测生产数量是，在第一年的 1981 年达到 400 万片，两年后更是预计达到 1000 万片。这个数量在当时是有违常理、存在数量级差异的大订单。日立公司集中了设计、制造、质量保证、销售等各部门的力量来应对这一挑战。认证测试使用了数千个样本，进行了彻底的测试。试验半年多之后的 1981 年 1 月 27 日，我们收到了 IBM 公司"驯鹿项目的认证测试顺利合格"的通知。这是项目成员们翘首以盼的时刻，也是日立公司在 DRAM 领域实现世界领先地位的前夕。

在驯鹿项目前后，64Kb DRAM 的开发于 1978 年 7 月 4 日启动。这个开发作为日立公司的全公司项目来推进，我们请求研发部门的高级执行官渡边宏先生将此项目指定为特别研究（简称特研）。之所以这样，是因为我们希望日立公司集中全公司的力量，实现将 64Kb DRAM 达到世界顶尖水平的目标。开发中心的成员包括中央研究所的伊藤清男、器件开发中心的谷口研二、川本洋等人，以及武藏工厂的年轻技术人员。我的角色是，在接收开发成果后，负责统筹从量产启动到销售为止的整体工作。

1979 年 5 月，我们成功开发了 64Kb DRAM，并在报纸上发布了这一消息。进入 1980 年后，我们接到了来自国内外的大量订单。除了美国的主力计算机公司，如 DEC 公司、巴罗兹公司和 HP 公司之外，我们再次收到了来自 IBM 公司的大订单。由于客户认证阶段的情况非常有利，我们在生产方面也采取了大胆的措施，因此新年伊始，生产数量迅速上升。

1981 年 7 月，市场调查公司 Dataquest（美国）关于 64Kb DRAM 的报告列出了头部生产厂家的数据（括弧内是季度的产量）：第一位是日立（20 万个），第二位是摩托罗拉（12.5 万个），第三位是富士通（10 万个）。从特别研究项目启动以来，三年过后，我们首次登上了梦寐以求的世界第一的位置。

在这个时期，日立的存储器业务变得强大，存在感显著提升。特别值得一提的是，年轻的技术人员取得了巨大的成长。我在访问海外客户时，通常会有几名技术人员随同。他们对技术细节了如指掌，英语也相当流利，能够与客户的技术人员进行深入的对话。我们的某个美国销售代理商的社长赞扬了他们的工作，并称他们为"日立的年轻狮子"，夸赞他们的工作能力。图 3-2 展示了当时"日立的年轻狮子"访问客户空闲时的留影。

图 3-2 访问美国企业的"日立的年轻狮子"（1980 年 10 月）
（从左至右：笔者、伊藤达先生、远藤彰先生、石原政道先生）

照片中出现的伊藤达、远藤彰、石原政道三人都是 DRAM 的技术负责人，此外还有负责 SRAM 技术的安井德政、负责 EPROM 技术的木原利昌、负责质量保证的最上晃、原木直武等，超过十人的技术团队人才济济。后来，他们成为支撑日立半导体的核心人才，并活跃在各自的领域。

其中也有一些人虽然对技术非常精通,但英语并不流利,却能够"靠胆量交流"。下面介绍其中的一位。

当时日立 DRAM 的一个卖点是"单一 5 伏特电源"。在此之前,DRAM 通常需要使用双电源或三电源系统,而日立的产品只需要一个 5 伏特的电源就可以工作,这使得产品更加易于使用,成为一个很大的推销亮点。当"年轻狮子"团队中的一员用英语介绍这一点时,他说成了"single GO volt"(正确的英语应该是"single five-volt";日语中"5"的发音就是"GO",这里是把日语混入了英语中),这让对方半天都没有理解"单一 5 伏特电源"的意思。

最后,他不得不走到黑板前进行笔谈,才终于让对方明白,其实是想表达"single five-volt"的意思。在向着全球化的过渡中,这样的插曲数不胜数,当时那些年轻人向世界挑战,就如乘风破浪般渡过难关。通过在一个领域内达到世界顶尖,我也领悟到年轻人的培养和成长非常重要。

接下来,日本在 64Kb 内存方面的成功成为美国半导体行业的一个巨大担忧,也开始在媒体上被大量报道。在 1981 年 12 月发行的《福布斯》杂志上,记者金·比尔林斯基敲响了警钟。他指出,如果在 64Kb 内存这种尖端器件上落败,不仅会对半导体领域,而且会对美国最大的产业——计算机产业构成威胁。该杂志报道了 1981 年日美各公司 64Kb 内存的市场份额:如日立(占 40%)、富士通(占 20%)等日本企业共占 69.5%。而如摩托罗拉(占 20%)、TI(占 7%)等美国企业共占 30.5%。日立、富士通等日本企业在 64Kb 内存时代占据领先地位,这给人留下了"日本压倒性胜利"的印象,进一步引起了美国对日本的警惕心。

2　CMOS 内存挑战英特尔

像半导体这样剧烈变动的行业，恐怕没有其他行业能与之相比。例如，在 1970 年中期发生的石油危机带来了前所未有的大萧条，对半导体领域产生了大地震般的影响。正如之前所述，我负责的产品开发部在电子计算器用 LSI 方面取得了巨大成功，占据了国内市场压倒性的份额，但在石油危机后的市场结构变化中受到了巨大打击。我在 1976 年被解除开发部长职务，降级为副技师长，曾经有一段时间失去了对未来的希望，觉得"这可能是我在日立的最后一个职位"。然而，在 1977 年 8 月，我被任命为新设立的内存·微处理器设计部门的部长，这让我重新焕发了生机。由于内外情况的变化，我像败者复活一样重返部长的职位。

在当时，内存·微处理器领域的世界领导者是英特尔。让我们按时间顺序回顾一下英特尔自 1968 年成立以来的一系列动向。1970 年，英特尔推出了 1Kb DRAM 的 1103 产品，开启了半导体内存的时代。1971 年，英特尔推出了 2Kb 的 EPROM（可擦除内存）和 4 位微处理器 4004 产品，这些都是世界首创，开辟了具有里程碑意义的新领域。1972 年，英特尔首次推出了 NMOS 工艺的 1Kb SRAM。1974 年，英特尔推出了 NMOS 版的 8 位微处理器 8080，并成为畅销产品，确立了微处理器时代的领导地位。

每一款产品都是令人瞩目的划时代之作。当时的英特尔，在 DRAM、SRAM、EPROM、微处理器这四个领域都建立了压倒性的地位。从日立的"内存·微处理器设计部门"来看，只能远远地看到英特尔模糊的背影。我们对英特尔和市场进行了全面的研讨，试图找到突破口。

即使在当时那样的困境中，也有曙光。1976 年，日立中央研究所（以下简称中研）取得了关于 CMOS 高速化的重大突破，即由酒井芳男和增原利明两位先生发明的"双重阱 CMOS"（后来被称为 HiCMOS）。在此之前，CMOS 一直被认为是"低功耗但速度慢"，这个发明通过双阱结构实现了电路参数的最优化，颠覆了以往的定论。也就是说，现在可以在 CMOS 上达到与 NMOS 相同的速度水平。后来，这两位先生因这一发明获得了全国发明表彰。

同时，在工厂方面，以安井德政先生为核心的团队正在开发基于 NMOS 的 4Kb SRAM。在内存单元的结构设计上，安井德政、清水真二和西村光太郎三位先生发明了使用多晶硅高阻特性的技术，与传统的 6MOS 内存单元相比，可以将单元面积减少到三分之一。中研和工厂的技术人员计划将这两项技术结合起来，挑战制造高速 CMOS SRAM。

作为内存·微处理器部门的负责人，我在听取了这些技术说明后，直觉地认为"这些技术有很大的潜力"，并决定将其作为重点课题来推进。

"如何将这些新技术实现量产并转化为业务"成为我最大的任务。在半导体业务中要取得成功，需要稳步且无缝地推进以下四个步骤，许多技术人员需要朝着同一个方向努力。

（1）拥有能够胜过其他公司的专利或核心技术。

（2）基于这项技术，开发具有竞争力的器件。

（3）保证器件生产有足够高的良率，并以具有竞争力的价格销售。

（4）发现最佳应用领域，积极争取客户，以实现大规模销售。

我的角色就是为整个过程挥旗鼓劲，从基于这一划时代发明的新产品开发（步骤 1、2），到量产和销售（步骤 3、4）的一系列过程。可以说是类似于交响乐团中的指挥者的角色。

我迅速组织了一个由研究所和工厂挑选的最精锐的成员组成的产品化项目团队。中研方面有发明者增原先生、酒井先生等参与，工厂方面则由安井先生领导设计团队，在工艺方面有长泽幸一先生、清水真二先生等加入，此外，以清田省吾先生为中心的团队负责提高良率。

当时，4Kb SRAM 中号称速度最快的是英特尔公司的 NMOS 芯片（2147），其速度可与双极型芯片相匹敌。项目的目标就是用低功耗的 CMOS 实现这款芯片的性能。在当时，按行业的常识看，这是一个没有胜算的目标，但项目成员们非常努力，成功地实现了这一目标。之后，增原先生在 1978 年的 ISSCC（国际固态电路会议）上发表了这一成果，在学术界引起了巨大反响。

该产品于同年 10 月投入市场，其型号命名为 HM6147。型号是对照英特尔的器件型号（2147）来命名的，后两位数字与英特尔的相同，而前两位数字的"61"是为了表示这是 CMOS 产品，与 NMOS 版的"21"有所区别。图 3-3 给出了英特尔 2147 和日立 6147 的性能对比。

如图所示，我们实现了与 NMOS 相同的速度（55/70 纳秒）的同时，将消耗电力大幅度降低（运行时约为原来的七分之一，待机时约为原来的一万五千分之一）。迄今为止，业界的常识是，"高速器件的主流是 NMOS，而 CMOS 仅用于低功耗的特殊器件"。6147 颠覆了这一业界常识，是世界第一款为 CMOS 正名的芯片，从此 CMOS 成为主流。

在世界上前所未有的产品完成之后，国内外销售部门重点进行了产品推广。特别是在美国，采用了间接销售方式，销售代理（所谓的 Rep）直接与客户接触。我最重要的工作之一就是让代理店的社长理解"这款产品是多么具有划时代意义，是多么前所未有的"，幸运的是，他们很早就理解这一点，这也成为这款产

第 3 章　日本的飞跃与日美摩擦　　47

	英特尔2147	日立6147
制品	4K SRAM	
技术	NMOS	CMOS
速度	55/70ns	55/70ns
消耗电力 运作时	110mA	15mA
消耗电力 待机时	15mA	0.001mA
芯片尺寸	16.2mm²	11.5mm²

图 3-3　英特尔和日立的 4Kb SRAM 的性能对比

品快速崛起的一个原因。从开发到销售的全部过程中，当时的日立半导体最强团队都集结于此，并参与其中。

这款划时代的产品在 1979 年获得了 IR-100 奖。该奖项由美国 IR 公司每年从上一年开发的最尖端技术和产品中严格挑选出 100 项进行表彰（现称 R&D100 奖）。图 3-4 是当时获奖者代表的照片。

图 3-4　4K R&D100 奖获奖者
（从左至右分别为安井德政、笔者、增原利明）

让我们回顾一下 CMOS 的历史。CMOS 是在 1962 年由仙童公司的弗兰克·瓦伦斯发明的。他在第二年的 ISSCC 上发表了关于这个概念的报告。然而，仙童公司并没有朝着产品化的方向努力，实际上成功实现产品化的是杰拉尔德·霍伊佐率领的 RCA 公司的团队，该公司于 1968 年开始销售 CMOS。销售初期的主要用户是军用等特定狭窄市场，大规模的成长是在应用于电子表和液晶计算器之后，而市场开拓是由日本的精工和夏普引领的。

现在，"半导体的主流器件是 CMOS"这一点被认为是理所当然。然而，重申一下，直到 1970 年，CMOS 在世界市场上被认为是面向低速、低功耗特定狭窄市场的技术。打破这一常识的第一个产品就是前面提到的高速 4Kb CMOS SRAM 的 HM6147。

在 1979 年 8 月，通过美国的一家半导体调查公司，我们得知了英特尔对这款芯片的看法。在分析师报告会上，英特尔发表了以下评论："目前最大的竞争对手是日立。如果日立的这款芯片（注：HM6147）能够量产，它将具有极高的竞争力。英特尔将密切关注日立的动向。"

这个评论中，"如果能够量产"这一句话至关重要。在半导体领域，即使在学会等场合发布的器件具有划时代性能，也不一定能够量产，最终只是纸面规格的情况并不少见，英特尔可能很关注这一点吧。追赶英特尔是日立从创建内存·微处理器设计小组以来的愿望，尽管是一场地域性的战斗，但最终我们赶上了对手，并在存储器件性能上大幅超越。剩下的课题是要证明"日立的高速 CMOS 器件能够量产"。

继 4Kb 之后，16Kb 内存也开发完成，其成果在 1980 年的 ISSCC 上由安井德政先生发表，受到了极大的关注。之后，该产品以 HM6116 型号投入市场。到目前为止，一切进展顺利，我们梦想着在新技术的领域引领世界。

然而，好事多磨，现实并没有那么美好。以下是 16Kb 产品在启动过程中经历的艰难历程。我在国内外客户间四处奔走，亲自收集信息，收集到了对新器件的格外好评，直接感受到"这个能成！"。因此，在接到实际订单之前，我就开始准备产品，并保持库存。

但是，库存水平是由管理部门严格控制的。管理规定，在没有订单的情况下不允许随意持有库存。于是我心生一计，提出了"战略库存"这个新名称，并构思了与常规库存不同的理由。即使是所谓的"战略库存"，从管理部门的角度来看也是难以容忍的库存，但是为了销售 CMOS 内存，我努力说服他们有必要积累一定程度的库存，才勉强获得了他们的同意。

后来，生产顺利进行，战略库存比预期积累得更多。但不知为何，预期的订单并没有进来。随着时间的推移，库存过剩，出现了变成不良资产的风险。所谓的"6116 库存问题"发展成为整个事业部的问题，我也因此被追究责任。

当时的事业部部长是从工业电器部门调过来负责半导体重建工作的，他基于行业常识"今后 NMOS 仍是半导体主流"，对我们推进的 CMOS 化持怀疑态度。他的观点是："如果性能上能与 NMOS 兼容，那么型号名称也不应该是'6116'，而应该改为与 NMOS 一致的'2116'。"并且，有一天这个观点变成了命令。因此，决定先将 HM6116 的型号名称抹去，然后改为 HM2116。

然而，或许是天意吧，就在这种操作开始之前，大量的 6116 订单开始涌入。这使得不再需要更改型号名称，而"HM2116"作为产品型号，也就成了幻影。

一旦市场开始打开，其势头就变得更加强劲，到了 1981 年，我们接到的订单多到无法全部完成。

同年七月，Dataquest 调查并发布了 16Kb SRAM 的前三名（括号内是近一个季度的生产数量）：第一名为日立（45 万个），第二名为 TI（36 万个），第三名为三菱（2 万个）。由此证明了

"高速 CMOS 可以进行量产"的事实。

从 1977 年内存·微处理器设计部门成立到现在已经过去了四年，在尖端器件领域，我们占据了 64Kb DRAM 的世界顶级地位，对此，我们小组的所有成员都无比感慨。通过 4Kb 的 HM6147 和 16Kb 的 HM6116 的量产化，CMOS 相对于 NMOS 的优势被明确地展示出来。此后，世界半导体技术的主流，由日立引领，从 NMOS 转向 CMOS。

3 内存创造的黄金时代

这里回头说一下，在 1980 年上半期（4~9 月[一]）即将开始之前，针对部门内部管理职位，我撰写了题为"迎接 1980 年上半年的到来"的备忘录，传达了未来工作的方针。其核心是将 64Kb DRAM、16Kb SRAM、32Kb EPROM 作为"三大重点新产品"，并宣布"这个系列产品的目标是世界顶级"。当时有十多个产品开发项目，但我果断地决定将其缩减并集中至三个产品。因为我们与硅谷的企业相比，起步较晚，技术人员数量也有限，我认为除了聚焦突破口，没有其他可行的战略。

我将部门的主力部队集中在这三个产品上，同时也向公司内部的研究部门（中央研究所、器件开发中心等）、制造部门、营业部门（国内外）彻底传达了这一基本战略，并寻求了他们的支持。这种重点化的战略取得了超出预期的成果。如前所述，64Kb DRAM 和 16Kb SRAM 系列在 1981 年中期已经明显成为市场领跑者。

[一] 公司运营不是以日历的 1 月为起始点，而是从 4 月开始，因此 4~9 月是上半期，10 月~下一年的 3 月为下半期。——译者注

对于 32Kb EPROM 而言，胜出的关键在于采用了"二刀流"[1]策略。在这个时代，EPROM 的行业标准尚未确定，英特尔型和 TI 型并存，市场由此形成。1981 年 7 月的 Dataquest 公司的资料显示，第一季度的出货量为英特尔公司 60 万片，TI 公司 56 万片，日立公司 50 万片，三家公司形成了"三国鼎立"之势。日立公司通过推出英特尔型和 TI 型两个系列的产品，获得了广大客户的青睐，从而追上并超越了先行的那两家公司，实现了逆转。

在 1981 年 12 月的销售会议上，公司内部市场营销部门报告了存储器三大新产品全部达到世界顶级水平的结果。从 1977 年设计部门成立到现在已经过去了四年多，从 1980 年 3 月决定重点化方针以来也将近两年，"存储器三冠王"的成就，对于存储器领域的成员来说，是一生难忘的壮举。但实际上，这三大新产品真正为实际业绩贡献的，却是在接下来的年份。从 1982 年到 1984 年的三年间，这些产品在销售上实现了巨大的飞跃。

在这里，我们来看看日立存储器业务是以怎样的速度增长的。在"微处理器-存储器设计部门"成立的 1977 年，存储器的销售规模大约是每年 30 亿日元，是一个亏损的部门。日立半导体的整体销售额约为 600 亿日元，存储器只占其中的 5%，也就是说，我是作为一个微不足道的设计部门负责人开始的。

当时，各个设计部门的人员规模是负责 MOS LSI 的第一设计部最大，约有 200 多人，其次是负责双极 IC 的第二设计部，也有 100 多人。与此相比，我们部门大约只有 30 人，因为规模太小，所以连"设计部"的名称都未能获得。直到 1978 年，我们终于达到了年销售额 100 亿日元的规模，实现了扭亏为盈，以此为契机，我们才被认可为"第三设计部"。

---

[1] 二刀流，即两手持刀术。——译者注

进入 80 年代，我们重点开发的三大新产品（64Kb DRAM、16Kb SRAM、32Kb EPROM）加入了战斗行列，销售额如芝麻开花一样节节攀升。在达到 100 亿日元后的五年，即 1983 年，销售额实际上增长了十倍，达到了年销售额 1000 亿日元的规模。我们已经占据了日立半导体的三成。紧接着，1984 年，由于内存需求的激增，加上生产部门和销售部门的努力，销售额几乎达到了 2000 亿日元，占到了半导体事业部全体的四成。仅仅在七到八年的时间里，这个微不足道的设计部门就成为日立半导体的顶梁柱。

在半导体业务中，由于固定成本在总成本中占据较高比例，因此销售额的增长会导致利润更加显著地增长。在这个时期，半导体部门成为日立内部最大的高收益部门，也成为牵引日立整体业绩的重要部门。主角当然就是获得世界顶级地位的、重点开发的三大新制品——内存。这确实是内存创造的"黄金时代"，对我来说，就像是从 1976 年被解聘部长的低谷中脱胎换骨，到达了山顶的感觉。

4 国际会议上的特邀演讲

随着以内存为中心的日立半导体影响力的急剧上升，我也开始频繁地受到国内外关注，并有机会在产业界的会议和国际学会上发表特邀演讲。下面我想介绍两个事例。

1981 年 10 月 14 日至 16 日，由 Dataquest 公司主办，在美国亚利桑那州凤凰城举行的半导体产业会议上，我首次收到了演讲的邀请。这是当时半导体领域最大的国际会议。演讲者阵容包括英特尔创始人罗伯特·诺伊斯先生、摩托罗拉半导体负责人盖里·茨克先生、AMD 创始人杰里·桑德斯先生等众多行业巨头。

当时正值日美半导体摩擦刚开始的时候，可以说是在四面楚歌之中进行的演讲。对于我来说，在海外的重要会议上发表演讲是第一次，而且作为日本唯一被邀请的人，我鼓起勇气决定接受这个任务，想要"正确传达日本的情况"。

我以"日本半导体生产的特征"为题，发表了关于日本在半导体技术、生产、应用等方面的独特之处的演讲。特别介绍了支撑日本产品高品质相关的团体活动、自动化的趋势，以及低功耗高速 CMOS 技术的开发等。此外，我还提到了以团队合作为基础的夏季盆舞、秋季运动会、新年的寺庙参拜等习俗。

其中特别受到关注的是"1980 年的员工提议数量"。不仅在半导体领域，其他领域也是如此，为了提高业务效率，团队工作极为重要。当时的日本团体活动非常活跃。我介绍了公司总的员工提议数量和人均提议数量排名前三的企业。

在总的员工提议数量方面，日立以 422 万项位居第一，松下以 261 万项位居第二，富士电机以 168 万项位居第三。

在人均提议数量方面，日立工机部门以 157 项位居第一，富士电机以 154 项位居第二，盐山富士以 138 项位居第三。

对于位居第一的日立工机部门，人均提议数量 157 项，要实现这一成绩，几乎全体员工每两天就要提出一个建议，这是一个令人惊讶的数字。可以看出当时的团体活动是多么活跃。在半导体领域，特别是在提高内存等产品良率方面，这样的活动做出了巨大贡献。

演讲结束后，许多人对于提议数量的庞大表示了惊叹。此外，对于整个演讲的内容，因为其独特性，很多人表示"非常有趣"，得到了好评。当时使用的演讲资料被收藏在日本半导体历史馆·牧本资料室（第 6 展示室）中。

这次演讲成为一个契机，使我的名字逐渐广为人知。之后，我不仅收到了 Dataquest 公司的邀请，还收到了 InStat 公司（美国)、Future Horizons 公司（英国）、Semico Research 公司（美国）等主要会议的邀请，这为我扩展全球性人际关系提供了很好的机会。

下一个例子是 1982 年 IEDM（国际电子器件会议）的主题演讲。IEDM 是半导体器件领域最大的学会，能够被邀请演讲是半导体工作者的极大荣誉。会议的惯例是从美国、欧洲、亚洲各邀请一人做主题演讲——我的演讲是作为亚洲代表的演讲。

该学会于 12 月 13 日至 15 日在旧金山举行。在此会议上，我与负责生产技术的长友宏人先生联名发表了题为"半导体生产中的自动化"的演讲。这是 64Kb DRAM 和 16Kb SRAM 等 3 微米产品刚兴起的时期，处于世界领先地位的日立技术吸引了众多关注。演讲大厅里几乎座无虚席。

在讲述了半导体产业的宏观趋势之后，我以前工序和后工序的事例为基础，讲述了自动化的效果，包括生产效率的提高、良率的改善、品质的提升和差异的降低等。此外，我还分享了多年来关于生产工艺尺寸减小伴随的良率分析方法等观点。

最后，我大胆地介绍了未来集成度达到 1000 倍时（即 64Mb DRAM 时代）的自动化工厂形态（如图 3-5 所示）。

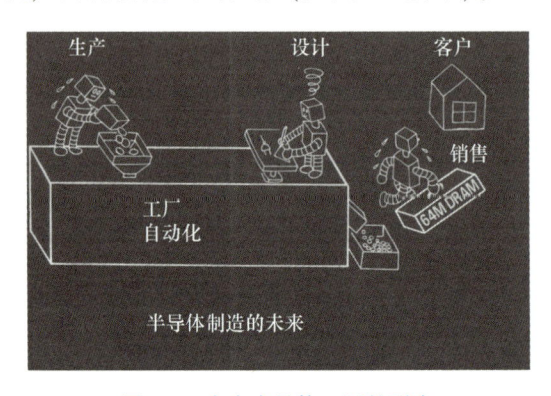

图 3-5　未来半导体工厂的形态

如图所示，该自动化工厂从设计到制造都实现了完全自动化。甚至还有负责销售的销售机器人登场。"销售机器人将刚刚制造好的64Mb DRAM装箱，为了不延误交货期，大汗淋漓地向客户赶去。"——演讲以这样的幽默表达作为结尾。会场被巨大的笑声所淹没，并给予我热烈的掌声。这次的演讲资料同样被收藏在日本半导体历史馆·牧本资料室（第6展示室）中。

学会结束后不久，我收到了会议执行委员会主席迈克尔·阿德勒先生的感谢信，信中给出了以下过誉的评论：

"……特别是关于您的演讲，我听到很多人表示，这是迄今为止IEDM上最好的演讲。不仅内容精彩，而且时而穿插的幽默也受到了好评。您对美式幽默的理解程度让很多人感到惊讶。"

这不仅仅是对我演讲的赞美，更是对当时处于世界顶级水平的日立半导体技术的评价。

5 不可思议的社长候选人

日立的尖端内存不仅在技术上确立了世界顶级地位，而且对公司业绩的贡献也很大。作为推动内存事业核心的我，其评价也随之提高。当时正是顺风顺水的状态。

就在这样的时期，《产经周刊》发表了一篇题为"预测十年后的社长"的大标题文章（《产经周刊》1984年12月20日）。如图3-6所示，标题为"系列：推动日本的男人——预测'十年后的社长'"，接着是，"日立制作所：员工八万三千人的顶尖人物、有力的候选者牧本氏"。

这完全可以说是晴天霹雳般的惊讶。文章中详细记载了我的经历、业绩以及人物形象等内容。

公司里很多人应该都读了这篇文章，我也收到了各种各样的评

图 3-6 《产经周刊》的文章（1984 年 12 月 20 日）

论。大部分都是善意的鼓励，但是有一位前辈给出了如下评论：

"我自己也一直觉得，说不定牧本君有成为社长的潜力。但是，你要当心别发生'木秀于林，风必摧之'的情况。因为日立毕竟是一家工业电气公司，从工业电气领域的角度来看，半导体部门的人就像是外人一样。关于这篇文章，我觉得最好是忘记它，保持自重。"

这位前辈在十五年前，当我成为日立历史上最年轻的部长时，也给了我类似的忠告，而正如他所预料的，几年后我就成了被摧的"秀木"。

当然，这篇文章作为"不可思议的社长候选人"最终结束了，但为了这份周刊杂志的荣誉，我必须补充的是，这篇文章的内容可以说是"虽不中亦不远矣"。这是因为，紧接着的第二位社长候选人,实际上是后来担任了日立社长和会长的庄山悦彦先生。

现在回想起来,这篇文章也许也是"潜伏在内存中的魔怪"所造成的影响吧。

6 日美半导体战争爆发

1984 年,世界半导体市场的增长率实际上达到了 48%。这一年正好是洛杉矶奥运会的年份,而在街头巷尾,人们都在说"奥运年半导体市场会达到顶峰"。确实如此,被说中了。

我所负责的内存部门业绩突飞猛进,在公司内外评价不断提高,如前所述,甚至被周刊杂志的文章列为社长候选人。然而,半导体领域的这种繁荣并不会持续太久。果然,到了次年的 1985 年,地狱般的半导体萧条开始了。全球供需平衡严重失调,陷入了供过于求的状态。

以内存为中心,价格大幅暴跌,全球市场整体出现了 16% 的下滑。在这样的大环境下,美国的半导体工业协会(SIA)针对日本半导体企业,提起了倾销嫌疑的诉讼。以此为导火索,日美半导体战争爆发了。日美半导体战争的征兆可以追溯到 20 世纪 70 年代后半期,日本开始向美国出口 DRAM 的时候。日益增强的对日警惕心成为契机,于是在 1977 年,美国成立了 SIA。其成员包括罗伯茨·诺伊斯(英特尔)、查理·斯波克(国家半导体)、威尔夫·科里根(仙童)、约翰·韦尔奇(摩托罗拉)、杰里·桑德斯(AMD)等著名经营者,其影响力极大。

SIA 积极开展游说活动,主张废除对日贸易的关税壁垒等。此外,还列举 1976 年日本启动的"超 LSI 项目"为政府补贴的缩影,贴上了"Japan Inc"(日本株式会社)的标签,指责其不公平的做法。

这样的活动也被美国国内媒体所报道。1978年，《财富》杂志刊登了一篇题为"硅谷中的日本间谍"的文章，加剧了对日本的警惕心。文章的标题页上描绘了一幅怪异的图案：一只戴着望远镜的大风筝从空中窥视着硅谷。

在这个时期（20世纪70年代后半期），DRAM领域仍然是美国领先，但进入20世纪80年代后，情况发生了逆转。象征这种逆转过程的是1980年3月的"安德森的炸弹宣言"。安德森当时担任HP公司数据系统部门的总经理。在华盛顿举行的日美半导体研讨会议上，他公布了一个对美国公司来说极为震惊的数据。

其内容大致是："由于16Kb DRAM的短缺，我们采用了日本产品，其质量比美国产品要好得多。"安德森证实说："比较了美国和日本各三家公司的产品质量，即使是日本最差公司的产品质量也比美国最好的公司的产品质量要好。"这后来被称为"安德森的炸弹宣言"。尽管这是对当时两国DRAM实力的客观描述，但对于美国半导体行业来说，这是一个极其震惊的消息。

到了1981年，64Kb DRAM开始起量，从这一代产品开始，日本取得了压倒性的优势。而前述的《财富》杂志在1981年3月和12月两次报道了这个问题。最初（3月）的报道标题为"日本半导体的挑战"，在文章的顶部页面上，与标题并排，描绘了一幅插图，如图3-7所示，在半导体晶圆的擂台上，日本的相扑手与美国的摔跤手正在对峙。

此外，12月的文章标题为"不祥的日本半导体的胜利"，如图3-8所示，报道了在64kb DRAM领域，日本占据了七成的市场份额，取得了压倒性的胜利。文章还表示，如果在先进内存领域输给日本，那就不仅仅是半导体领域的失败，美国的骨干产业——计算机领域也将面临危险。因此发出了警告。

图 3-7 《财富》杂志上刊登的插图（《财富》杂志 1981 年 3 月）

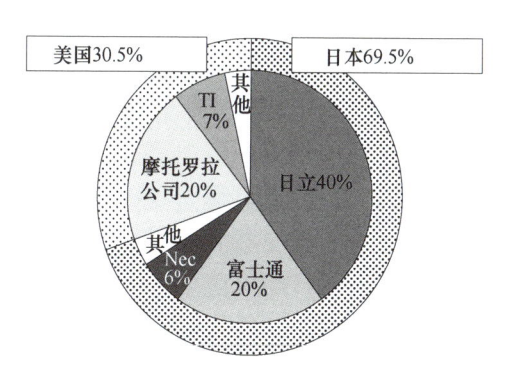

图 3-8 《财富》杂志（1981 年 12 月号）报道了日本在 64Kb DRAM 领域的压倒性胜利

到了 1983 年，《商业周刊》杂志发表了 11 页的特辑报道，详细描述了日本半导体的威胁。其标题为"芯片战争：日本的威胁"。在描述两国半导体竞争时，最终使用了"战争"这样的表述。

如前所述，进入 1985 年后，DRAM 的价格逐日下跌，无论日本还是美国，对于半导体经营者来说都是大麻烦。在这样的背景下，同年六月，美国 SIA 基于贸易法 301 条款（对不公平贸易行为的应对措施）向美国贸易代表办公室（USTR）提起诉讼，指控日本半导体产品倾销。与此同时，美光（Micron）公司针对日本的 64Kb DRAM，也向美国商务部提出了倾销诉讼。半导体战争最终演变为两国政府间的问题。

同年八月，日美政府间开始就半导体问题进行协商，之后的一年里进行了艰苦的谈判。美国方面的主要要求有两点：一是提高外国半导体产品在日本国内的市场份额，二是建立防止倾销的一系列措施。在这些要求的基础上，《日美半导体协议》于 1986 年 9 月签订。此后在长达 10 年的时间里，日本公司一直在这种框架限制下经营业务。

协议中的重要条款可以概括为以下两点。

(1) 改善日本市场的对外开放：扩大日本市场购买外国半导体产品的规模。作为实现上述目标的手段，日本政府定期监测外国半导体产品在日本国内的市场份额。当时外国产品的市场份额不足 10%，目标是将这一数字提高到 20% 以上。后来，这个"20%"的数值引发了争议。也就是说，这仅仅是努力目标，还是政府间的承诺？双方的解释存在差异。关于这些事情的真相并不清楚，但是"20%"这个数值本身在那十年里独自前行。并且，它也成为贸易谈判中"数值目标"的先例。

(2) 防止倾销：作为防止日本产品倾销的措施，要求日本各公司每季度向日本政府提交有关 DRAM 和 EPROM 的成本数据。美国政府基于这些数据决定 FMV（公平市场销售价格），并向各家公司下达指示。由于这一规定，日本企业无法自行决定销售价格。

下面详细描述《日美半导体协议》10 年对日本半导体产业

造成的影响。可以肯定的是，这对当时的日本半导体行业是一个沉重的打击，不可否认它引发了竞争力的下降。

1985年的大萧条迫使世界各地的半导体公司进行业务重组以谋求生存。具有象征意义的一个案例是，DRAM的先驱——英特尔从DRAM市场撤退。可见DRAM市场状况是多么严峻。

戈登·摩尔（前英特尔董事长）在他的著作《与英特尔同行》（玉置直司采访、编辑）中回忆当时的情况，所述如下："那是1985年初的事，我和Grove总裁就启动DRAM工厂一事，进行了最终的商谈。Grove总裁问我：'如果你是被外部招募来管理英特尔的管理者，你会投资DRAM吗？'我回答：'不，我应该不会吧。'总裁赞同地说：'我也是这么想的。'因此，我们决定英特尔从DRAM业务中撤出。这个决定真的非常艰难（以下省略）。"

日立半导体部门在1985年的大萧条中也受到了强烈的冲击。当时我在武藏工厂担任负责设计的副厂长，厂长是内桥正夫。虽然采取了各种应对萧条的对策，但面对市场状况的急剧恶化，对策显得力不从心。前一年还是公司内部盈利最大的工厂，最终却陷入了亏损，成为公司内部业绩最差的工厂。

到了1986年2月，例行的年度人事变动宣布了。内桥厂长升任半导体事业部部长，我被任命为武藏工厂厂长。这一年，半导体行业的萧条仍在继续，再加上《日美半导体协议》的限制。内存成本受到政府监管，我们无法自行设定售价，必须遵守美国政府发布的公平市场价格（FMV）。在最坏的时刻，我升任了厂长。

上任厂长后，为了降低成本，我在削减开支的同时，采取了加速开发能立即投入市场的新产品等一系列措施，但一年过去了，仍然无法摆脱亏损。我意识到作为厂长应承担亏损的责任。

在1987年2月，工厂厂长的人事变动公布了，我的新职位是高崎工厂厂长。虽然同样是"厂长"，但高崎工厂的规模比武藏工厂小，负责的产品主要是双极型 IC 这样的成熟产品，主要面向国内市场。一般而言，在当时的日立半导体部门，晋升的常规路线是从高崎工厂厂长到武藏工厂厂长，而我的情况则是完全相反的方向。在周围人的眼中，这明显是被降职了。因此，我有过这样的想法："这或许是自己在日立公司的最后一份工作。"

第 4 章
微处理器时代的到来

1 微处理器的诞生

在半导体技术发展的历史上，1971年英特尔公司开发的微处理器，可以与1947年的晶体管发明以及1958/1959年的集成电路（IC）发明相媲美，是一个重大的事件，对后续半导体的发展产生了深远的影响。在微处理器的开发过程中，其独特之处在于，它并非由拥有庞大研究机构的贝尔实验室或IBM等公司完成，而是由当时刚成立不久的创业公司——英特尔完成的。而且，微处理器的诞生与计算器有着深厚的渊源，极端地讲，可以说"微处理器是从计算器中诞生的"。

英特尔公司在1969年成立后不久，接到了来自日本计算器制造商——日本计算机销售公司（通称"商通"）的计算器用LSI的订单，这是微处理器诞生的契机。日本计算机销售公司为了生产不同规格的计算器，要求开发多达十三种类型的定制LSI。公司成立不久的英特尔，当时技术人员数量不足，要同时并行开发这么多类型的 LSI 是非常困难的。

于是，负责这个项目的特德·霍夫采用了另一种方法来着手这项工作。他设想不是将所有的芯片作为定制产品单独开发，而是将负责存储的内存和负责运算的处理器巧妙地组合起来，通过改变内存中的程序内容（即改写只读存储器 ROM 的内容）来适应不同规格的机型，这样就可以通过开发少量的芯片来解决问题。这就是所谓的存储程序计算机的概念。与日本计算机销售公司派遣来的岛正利一起，基于这个想法实现了产品化，这就是图 4-1 所示的世界首款微处理器 4004。

图 4-1　世界首款微处理器 4004（英特尔，1971 年）

这个 LSI 的开发费用（10 万美元）由日本计算机销售公司承担，因此他们拥有 4004 的独家销售权。但是后来计算器市场变得非常混乱，日本计算机销售公司的经营变得极其困难，最终他们决定将销售权全部转让给英特尔。作为交换，英特尔同意初期支付 6 万美元，以及芯片销售额的 5% 给日本计算机销售公司。

获得了 4004 销售权的英特尔，不仅将这个产品推广到计算器市场，还扩展到了各种应用领域。也就是说，他们提出了一个划时代的方法，即使用标准化的处理器（MPU）和内存，只需改

第 4 章 微处理器时代的到来 65

写 ROM 就可以构建系统。从当时流行的"定制产品设计方式",转换到了"标准品设计方式"。图 4-2 是刊登在 1971 年 11 月号《Electronics》杂志上的广告,它宣告了新时代的到来。

图 4-2 英特尔的世界首款微处理器广告(《Electronics》1971 年 11 月号)

微处理器的到来不仅给半导体产业,而且给整个电子行业带来了革命性的变化。这是从"基于定制产品的设计方法"向"基于标准品的设计方法"的转变,其影响范围极为广泛。

把时间拨到 1997 年,"微处理器"这一伟大产品的开发者被授予京都奖。京都奖是由京瓷创始人稻盛和夫先生于 1984 年设立的国际化奖项(奖金为 5000 万日元),旨在奖励在科学、技术、文化等领域做出显著贡献的人。

微处理器开发获奖者包括费德里科·法金、爱德华(特德)·霍夫、斯坦利·梅瑟、岛正利四位,他们都是参与 4004 开发和量产的人员。从这些获奖者名单上,我们也可以看出,"微处理器是从计算器中诞生的"这一事实。

回顾历史,1970 年前后正是全球半导体厂家围绕计算器 LSI 开发展开激烈竞争的时代,也可以说这正是"微处理器的孕育期"。许多计算器公司向半导体公司提出了定制 LSI 的开发要求。

因此，可以说微处理器开发的机会掌握在所有 LSI 公司手中。但最终赢得这一荣耀的是英特尔。英特尔与其他公司相比一定有不同之处吧。

如前所述，在通常的合作中，计算器所用的 LSI 的原理图是由计算器公司设计的，而半导体公司则在此基础上负责布局、布线设计等后续工作。而与此相对，英特尔则以爱德华·霍夫为中心，追溯到原理图的阶段来解决问题，这是最大的不同。爱德华·霍夫拥有计算机科学的背景，因此他能够深入到系统设计层面似乎是自然而然的事情。原理图是计算器用 LSI 的产品定义（芯片详细功能的定义），有了这个图，芯片的功能就确定了。如果 LSI 公司依赖于计算器公司来提供原理图，那么像微处理器这样的系统概念可能就无法实现。

在日立，计算器用 LSI 的原理图通常也是由客户设计的。在单芯片 8 位计算器时代到来之后，公司内部才开始自己设计原理图。

英特尔在 1971 年推出 4004 之后，于 1972 年推出了 8 位的 8008，紧接着在 1974 年又推出了基于 NMOS 的 8 位微处理器 8080。到了 8080 的时代，摩托罗拉的 8 位微处理器 6800 与之展开了激烈的竞争，世界半导体公司不得不选择站队，决定加入哪个阵营。

英特尔当时位于半导体行业的顶端，其地位能够得到确立的原因主要有两个方面。首先，1979 年开发的 8 位处理器 8088 在两年后的 1981 年被 IBM PC 采用。这最终发展成为如今被称为 WinTel 的 PC 标准，并创造了一个巨大的市场。

其次，该公司在 1985 年内存大衰退时期退出了 DRAM 业务。在这个决定之后，公司集中所有资源主攻微处理器业务，这也是奠定如今地位的另一个重要原因。

2　选英特尔还是摩托罗拉？

20世纪70年代初期，日立公司在计算器用LSI的开发和量产方面领先于其他公司，因此获得了超过60%的市场份额，业绩迅速增长。1973年，日立的半导体销售额超过了仙童，仅次于TI和摩托罗拉，位居世界第三。然而，那年秋天爆发的第四次中东战争成为一个导火索，随后市场急剧下滑，到了1975年，日立伴随着工厂集中化进行了大规模的缩减调整。至此，一直作为独立工厂的甲府工厂和小诸工厂被降格为武藏工厂的"分工厂"。这就是"石油危机"对日立半导体业务造成的巨大损害。

另一方面，在美国，以英特尔为首，半导体行业的主流开始转向微处理器和内存等标准器件（通用器件），这对于以定制LSI为优势的日立来说，犹如突然遭遇了逆风。当时我担任IC开发部长的职务，在处理每月接踵而至的定制LSI新开发项目的同时，还必须着手研究微处理器开发的课题。

日立公司首个实现产品化的微处理器是与英特尔4位微处理器（4004）兼容的产品。这比英特尔晚了三年，于1974年6月完成，其在业务上的影响并不大，只能说是"微处理器入门"的学习材料。参与这个项目的有中央研究所（中研）的喜田祐三、武藏工厂的长濑晃、中岛伊尉、木原利昌等人。他们后来成为微处理器技术的负责人，是日立微处理器的先锋。

在此之后，4位微处理器由计算器LSI开发小组牵头，进行了独立开发，并于1977年3月实现了型号为HMCS45的自主研发微处理器的产品化。该产品瞄准小型系统市场，取得了相当好的业务成果。

另一方面，8位微处理器的系统架构设计最为重要，仅靠以器件工艺技术人员为主的半导体事业部的资源是非常困难的。因此，日立决定借助中研系统部门的帮助，从1972年下半年开始，以"委托研究"的形式探讨自主产品的开发。

接下来，8位微处理器的开发应该如何推进？是应该冒险独立开发，还是选择其他资源——与先进公司合作（做第二供应商）？其他资源是应该选择英特尔，还是摩托罗拉？这一系列问题，当时并没有得出结论，烦恼的日子一天天过去。

在这种状况下，1973年，半导体事业部的部长由伴野正美更换为今村好信。今村先生强烈地认识到，对于日立半导体部门来说，启动微处理器业务是当务之急。

对于今村先生的询问，我如实说明了情况，并请求支持。在与上司柴田昭太郎先生商量后，我提出了一个策略：虽然我们继续探讨独立开发8位处理器产品，但为了尽早实现产品化，有必要考虑与英特尔或摩托罗拉等头部公司以某种形式合作。今村先生表达了希望亲自探索合作策略的意向，并决定在1974年5月访问美国。于是，从5月12日到25日，我陪同今村先生，踏上了为期两周的美国之旅。

当时的访问地点包括西部电气（Western Electric，WE）、RCA、IBM、TI（达拉斯和休斯顿）、摩托罗拉、仙童（Fairchild）等公司。由于今村先生开朗的性格，我们受到了各公司的热烈欢迎，讨论非常热烈，建立了公司高层之间强有力的人脉。特别是在摩托罗拉，我们受到了特别热情的接待。

在摩托罗拉，首先是半导体部门的顶尖人物之间的名片交换和寒暄，接着，MOS、双极型、分立器件各部门的负责人向我们详细介绍了各自方向的市场动态和技术动向。关于MOS业务，部门负责人约翰·伊卡斯向我们介绍了正在开发中的6800微处理器，这是一款远超英特尔产品（8080）的微处理器。

接着，话题涉及了与日立的合作伙伴关系，提出了今后双方互访，深化合作关系的建议。今村先生对此表示了极大的积极性，并回答说希望积极投身于微处理器领域的合作。通过这次访问，两家公司之间的友好关系迅速加深，对话向技术合作方向发展。图4-3展示了访问摩托罗拉时的照片。

图4-3 访问摩托罗拉公司（1974年5月）（从左至右分别为阿部亨、今村好信、笔者）

如前所述，公司内部也在探讨自主研发8位机产品，但与英特尔的8080、摩托罗拉的6800相比，发现性能上并没有优势。其中一个原因是英特尔和摩托罗拉都在开发基于NMOS的产品，而日立的产品则是以PMOS为基础。PMOS技术虽然在计算器领域取得了压倒性胜利，但反过来也可能成为不利因素。在这样的背景下，不仅仅是技术基础的比较，还包括从市场营销视角出发的战略情景比较等多方面的讨论。最终我们几乎形成了共识：在8位微处理器方面，自主研发的胜算不大。与英特尔或摩托罗拉的合作是必要的。

在 1974 年 10 月，以上述情况为背景，我与上司——事业部副部长柴田昭太郎先生一起再次访问了美国公司，以制定微处理器开发的战略。这次从 10 月 2 日到 14 日的出访，主要专注于微处理器的公司，以英特尔、摩托罗拉、仙童为中心，还参观了几家其他公司。

英特尔在那年 6 月已经将 8080 微处理器产品化，而摩托罗拉即将发布 6800 微处理器。仙童则正在开发一款名为 F8 的微处理器，但比摩托罗拉晚了将近一年，在这个阶段，它还只是"纸面机器"，因此没有深入探讨。

首先，我们在 10 月 9 日访问了英特尔，目的是确认英特尔公司在技术支持方面的想法，对方公司总裁罗伯特·诺伊斯亲自接待了我们（如图 4-4 所示）。

图 4-4　访问英特尔公司（1974 年 10 月）
（前排左起：总裁诺伊斯，其后是柴田昭太郎先生，右端是笔者）

总裁诺伊斯先生外表温和，但对微处理器业务有着坚定的信念。他在会谈中的发言可以概括如下：

（1）英特尔的业务是销售产品，没有通过提供技术或专利来盈利的打算。

（2）微处理器业务中软件至关重要，只做硬件是没有意义的。

（3）与定制 LSI 相比，交货期问题不太可能发生，因此客户方面没有第二供应商的需求。

（4）拥有第二供应商，很难想象会改善英特尔的业务。

（5）但是，如果日立方面有某种提议（例如包括产品购买等），英特尔愿意考虑。

如上所述，他在解释中并没有明确表示第二供应商的可能性，但是综合整体情况，虽然表达得委婉，但不得不判断为"否"。这次会谈后，与上司柴田先生商议的结果是我们决定放弃与英特尔的合作。

接着，两天后的 10 月 21 日，我们访问了摩托罗拉。在那里，负责对外事务的顶尖人物舒尔茨先生接待了我们，并从一开始就表现出热烈的欢迎气氛。会议一开始，对方就提出了议程，希望就 6800 的第二供应商以及从日立引进自动打线机（wire bonding）等事宜进行讨论。因为，上次今村事业部长到访时曾向他们介绍过，日立拥有被称为 CABS（Computer Aided Bonding System，计算机辅助打线机）的自动打线机，这对于提高生产性和质量有很大帮助。这台打线机是由设备开发部的铃木纯部长牵头开发的，是当前世界上性能最高的自动打线机。

下午，微处理器部门的营销负责人科默茨先生详细介绍了 6800 的情况——已经向超过 200 家客户发送了样品，并且获得了好评。目前，虽然英特尔 8080 独占市场，但是 6800 具有"5 伏特单一电源"的特点，使用起来更加方便，他们相信，两年后的 1976 年，6800 能够获得 50% 的市场份额。此外，他们欢迎日立成为第二供应商,因为这能给客户带来安全感,并且他们希望与英特尔阵营对抗。出乎意料被求婚的感觉!相较于英特尔对第二供应商的消极态度,摩托罗拉却非常积极,两家公司的立场形成鲜明对比。回国后,我立刻向今村先生报告了此事,并得到了他的赞同,日立方面也一致决定"推进与摩托罗拉的合作"。

1975年1月20日,摩托罗拉方面的负责人舒尔茨先生和相关人员访问了日立。日立方面由佐藤兴吾(武藏工厂长)、柴田昭太郎(事业部次长)、铃木纯(设备开发部长)以及作为IC开发部长的我进行了接待。主要议题是关于6800微处理器和自动打线机(CABS)技术交换的具体谈判。高层会谈顺利进行,双方的任务得以明确,并约定尽快进入下一步。

之后,经过几次个别接触,下一个重大事件是1975年5月摩托罗拉团队的访问。来访的不仅仅是涉外部门,而是包括微处理器团队、专利小组等全体总动员的一次访问。当然,日立方面也不只是事业部和工厂,还包括总公司的海外部、专利部等部门参与了接待。

从5月19日开始,举行了为期四天的谈判会议。

实际上,前一年的11月,6800微处理器正式发布,市场上对它的评价非常高,摩托罗拉方面也因此士气大增。他们用以下的调子喊话:"虽然目前英特尔领导着市场,但无论是架构还是器件技术,6800都占据压倒性优势。我们相信通过与日立的合作,可以迅速提高市场份额。让我们一起努力吧!"

至于总结四天会议内容的高层会谈,日立方面由今村事业部长领头,佐藤、柴田、三木和信(总公司·海外部)以及我共五人出席。摩托罗拉方面则由MOS事业部主管约翰·伊卡斯先生为首的相关人员参加。这次会议确定了合作体制的大框架,并以此为基础,达成了签订合同的大致协议。

"以 6800 为核心，建立摩托罗拉和日立的联合，与英特尔阵营对抗"的势头在两家公司中急剧上升。因此，我们决定尽快推进事务性处理，目标是在 8 月底前签订合同，正式启动项目。

然而，就在这时，发生了意想不到的情况。高层会谈后的一个月（1975 年 6 月），日立半导体事业部的部长发生了更替。开辟了与摩托罗拉合作道路的今村先生成为事业总部部长，而继任者则是来自工业电气部门的负责人。这位继任者虽然曾在微处理器用户事业部工作，对微处理器有一定的了解和认识，但对于迄今为止推进的与摩托罗拉的合作路线却非常谨慎，甚至可以说是持怀疑态度。他提出了以下疑问："日立公司内部的头部用户（如神奈川工厂和大宫工厂等）都已采用英特尔系。难道我们要忽视这些，与摩托罗拉合作吗？"迈出的合作步子似乎出现了回头的趋势。

然而，此时已经是"箭在弦上"，无法改变路线。考虑到与英特尔等各公司接触的情况，除了摩托罗拉外并没有其他选择。同时，虽然目前英特尔占据压倒性领先地位，但如果我们努力推广架构更优的摩托罗拉系微处理器，也有可能迎头赶上。经过解释，我们最终获得了认可。

在日立半导体部门高层更替之后，双方谈判的节奏放缓，原定于 8 月底签订的合同未能如期完成。然而，在 9 月，我们终于在新体制下举行了高层会谈，悬而未决的问题得到了解决。经过这些曲折，日立公司的常务会和董事会终于在 1975 年 11 月批准了与摩托罗拉的技术合作。几乎在同一时间，对方也在董事会会议上做出了决定。从今村先生首次访问摩托罗拉开始，经过了一年半的时间，终于达成了协议，这为日立微处理器业务铺就了坚定的道路。

进入 1976 年，两家公司很快就根据合同开始了行动，摩托罗拉-日立联合军正式开始运作。当时的日立微处理器设计团队可以被称为"精锐小队"。正如字面所述，人数确实是"少数"的"小队"，但他们的能力确实是"精锐"。以对微处理器有丰富知识的初鹿野凯一主任技师为中心，由技师级别的御法川和夫、中岛伊尉、木原利昌等年轻的技术尖子组成了核心的技术团队。

在这一年的 8 月，作为从摩托罗拉引进的第一款产品，6800 微机的日立版被命名为 HD46800，并投入市场。这是一款采用 6 微米 NMOS 工艺的产品，但最初，它是采用摩托罗拉制造的裸片，由日立进行打线封装的方式合作生产的产品。通过这样的过程，日立的半导体业务相对较早地进入了微处理器市场。

3　领先世界的 CMOS 微处理器

在微处理器业务中，与摩托罗拉的合作关系自 1976 年启动起，双方都有一种"联合军"的意识，默认的目标是"双方合力对抗英特尔阵营，将 6800 系列培养成世界的主流"。因此，也期待着日立能为强化阵营做出相应的贡献。

由于日立受到这样的期待，为了强化 6800 系列，日立着手进行了两项重大的技术开发。一项是将高速 CMOS 技术应用于微处理器，另一项是采用 ZTAT（Zero TAT 的缩写，表示 TAT 为零）技术（关于 ZTAT 的详细信息请参考第 5 章第 1 节）。

在 1978 年，日立领先于世界开发了高速 CMOS 技术（HiCMOS），应用于 4Kb 和 16Kb 的 SRAM，并大获成功。在 1981 年底凭借 16Kb SRAM（HM6116）夺得了世界顶级市场份额。作为应用 HiCMOS 技术的下一个产品，选择了 8 位微处理器。将摩托罗拉的 6801（NMOS 版）改用 CMOS 工艺设计制造出了 CMOS 版的产品，推出了 HD6301V，该产品于 1981 年 10 月发布。这款

第 4 章 微处理器时代的到来 75

CMOS 版微处理器具有划时代的意义，成为引领世界技术趋势的产品（如图 4-5 所示）。

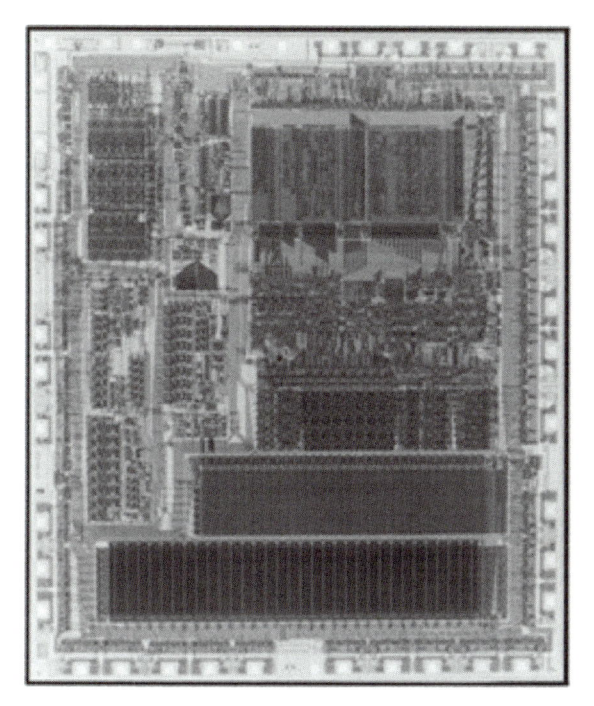

图 4-5 世界首款 CMOS 微处理器 HD6301V 的裸片照片（1981 年）

这个开发项目作为"特研"（日立的研究制度中"特别研究"的简称）项目，研究所和工厂一起合作，以惊人的速度推进。其成果刊登在 1983 年 12 月的"IEEE Micro"杂志上，文章的作者依次是前岛英雄（日立研究所）、桂晃洋（同上）、中村英夫（中央研究所）、木原利昌（武藏工厂）。他们成为世界 CMOS 微机的先驱。

在这里，我想介绍一下有关 CMOS 微机最初用户的一个趣闻。这是与信州精器（后来的精工爱普生）的中村纮一董事（后来的泰德公司社长)的合作伙伴关系。中村先生望眼欲穿地等待着 6301V 的诞生。

由于他是我母校"鹿儿岛高中"（La Salle 高中，ラ・サール高中）的后辈，我们之间可以轻松地交谈。在 1981 年 3 月，他来访并说"有个事情想深入讨论一下"。他计划推出一款以 6301V 为主处理器的"全 CMOS 构成的个人计算机"，并希望一旦样品制成，就能尽快拿到。当时 6301V 还处于纸面规格阶段（只有写在纸上的规格书，实物尚未制作），连影子都没有，但我感受到了他不同寻常的决心，便答应了他的请求。因此，我一直密切关注着后来 6301V 的进展情况。

8 月初，首次流片（第一个试制品）完成，并报告了结果。虽然它不能算完美无缺，但只要用激光切割机将其切断三个地方，就能正常工作。对于这样划时代的新产品的第一次流片，只能说"太棒了"！我把用激光切割过的样片给了中村董事。原本与他约定的时间，是预计芯片需要修改及流片 2 次后的时间，早到的芯片对他来说，无疑是一个巨大的惊喜。

日立公司内部迅速制作了性能测试用样品，在 10 月完成了性能认定测试，并在同月进行了正式的产品发布。次年的 1982 年 1 月底，中村董事来访，并详细说明了使用 6301V 的新产品。这是一个世界首创的手持计算机的构想。使用了两个 6301V，拥有 8KB 的 RAM 和 32KB 的 ROM，是一款全 CMOS 构成的前所未有的系统。这些 CMOS 器件全部由日立供应，因此他请求我们提供支持和保障。同年 7 月，爱普生公司发布了名为"HC-20"的产品（如图 4-6 所示）。

这款产品作为便携式计算机的先驱，是前所未有的。其重量仅为 1.6kg，续航时间约为 50 小时，因此具有卓越的便携性。在市场上，它不仅被用作个人计算机，还被用于工厂生产线的管理等，成为一款生涯销售总数达到 25 万台的畅销产品（据爱普生公司家庭电子部门提供的信息）。

图 4-6　世界首款全 CMOS 个人计算机 HC-20（1982 年 7 月发布）
(由爱普生公司 HP 提供)

在接下来的 1983 年 1 月，作为对本次合作的感谢，中村董事访问了我们。在上一年 12 月，他们在日立半导体的购买额达到了过去最高的 4 亿日元，这是以 6301V 为核心的套件业务的成果。

我决定将这款出色的产品作为展示材料的案例，以展示 CMOS 技术的优越性。图 4-7 是众多资料中的一张，它比较了全 CMOS 系统的 HC-20 和世界上第一台电子计算机 ENIAC（使用电子管）的性能和参数。在所有项目上，HC-20 的优势都是数量级的。在向客户解释或在演讲会上，我使用这张幻灯片来强调"从现在开始，已经是 CMOS 的时代了"。

在这个时期，尚未形成像"移动计算"或"游牧计算"这样明确的概念，但 HC-20 凭借 CMOS 技术的进步，让人预感到一种游牧民式的新生活方式将会诞生。

	ENIAC 大型计算机/1946年	HC-20 便携式计算机/1982年
功能	加算时间	200μs	1μs
	ROM	2KB	32KB
	RAM	128byte	8KB
重量		30 t	1.6 kg
消耗电力		140 kW	1.9 W

HC-20 vs ENIAC

图 4-7　HC-20 与 ENIAC 的比较（1983 年左右）

4　选 NMOS 还是 CMOS？

　　基于与摩托罗拉的合同，6301V 的相关信息很快就被披露给了对方，技术也转移了过去。正如前述例子所示，市场的反应非常好，我以为在摩托罗拉这边，这款产品也会得到高度评价，然而，与预期相反，对方的反应却是负面的。

　　基于这种情况，我决定在 1982 年 4 月访问摩托罗拉。目的是与对方半导体部门的骨干人员开诚布公地交谈。对方团队包括半导体部门高层的盖里·茨克先生，以及市场营销负责人、微处理器业务负责人，还有负责对外事务的人员等，关键成员都聚集齐了。

虽然会议表面上气氛和谐，但内容上却有许多严苛的言辞。不分主次，对方的观点大致可以概括如下：

（1）拓展客户的努力不足——日立没有为客户端的应用开发提供资源（例如 FAE，即现场应用工程师），却在向摩托罗拉发展的客户推销 CMOS 版本，导致两家公司在市场上相互竞争。

（2）对摩托罗拉业务的贡献不足——虽然从日立引入了 CMOS 工艺和 SRAM，但在摩托罗拉这边并没有顺利发展，对业绩没有做出贡献。

（3）研发的延误——尽管日立承担了 DMAC（直接内存访问控制）的开发，但进度大幅落后，至今仍未完成。

在这些问题中，针对（1）的问题，我们介绍了前述的爱普生公司案例等，说明了日立方面也在努力开拓新客户的情况，并得到了对方的理解。

针对（2）的问题，我们表示将继续做好在技术上的支持，但将技术转化为业务应该是摩托罗拉自身的责任，如果认真对待，肯定会有成果，督促对方努力。

对于（3）的问题，首先对延误表示了歉意。虽然日立也在认真努力，但由于系统设计的知识不足，产品定义（芯片的详细功能定义）不够明确。也就是说，在布线设计之前的原理图设计部分还没有完成。关于这个问题，后来我们集中了包括研究所在内的公司其他部门，总算完成了相关设计。

然而，在这次会议中，关于 CMOS 微处理器（6301V）的产品化，对方的反应并不积极，我们这边也就没有表达希望对方成为第二供应商的意愿。

在 1982 年，整个行业普遍认为，"主流设备是 NMOS，CMOS 虽然功耗低，但在速度和价格方面劣势明显"。这是当时业界的共识，似乎摩托罗拉也把 CMOS 定位为一种细分市场技术。另一方面，日立自从 1981 年成功量产 16Kb SRAM 以来，就坚定地相信"未来的主流将是 CMOS"。这样的理念差异是加深两家公司分歧的一个原因。

当时，以英特尔为首，8 位微处理器几乎全部基于 NMOS。从对方的角度来看，转向 CMOS 存在风险，他们似乎不愿意冒这样的风险。对于整个摩托罗拉与日立合作伙伴的关系，我再次感受到不安，认为需要进行更细致的对话。

另外，如果换个角度来看，对于摩托罗拉来说，CMOS 微处理器（6301V）属于 NIH（Not Invented Here，即非在此发明，而是其他地方发明的）。他们已经在 NMOS 版本上做得很好，即使 CMOS 版本有优秀之处，他们也不愿意全力以赴地投入到一个在其他公司开发的 CMOS 版本上。只要这种 NIH 思维方式不改变，6301V 的第二供应商可能就会变得困难。

1983 年 1 月底，合作部门的新任负责人比尔·霍华德先生与他的团队一起访问了我们。我们花了一整天的时间梳理了悬而未决的问题，并就今后改善关系交换了意见。关于 8 位微处理器 6301V，他们表示将在确认工艺兼容性的基础上决定是否产品化，在这个问题上比上次有了相当大的进展。然而，到最终下结论还需要数月的时间。

另一方面，新的问题浮出水面，那就是关于 16 位微处理器（68000）的 CMOS 版本（在日立被称为 63000 或 63K）的产品化问题。

日立将 63K 作为抢占未来的重要产品，正在推进其开发，但是，摩托罗拉是否同意将 63K 产品化，这个问题在此后的时间里迟迟没有决定，交涉持续了两年半。这被称为"63K 认知问题"。除了白天会议中的艰难讨论，还在晚上整洁安静的料理店的一角，边喝酒边讨论。为了今后进一步相互理解，我们商定大约每半年举行一次干部间的会晤。

在这里,关于比尔·霍华德先生,我想说几句。比尔先生拥有名校 UC 伯克利的 EE(电气工程)博士学位,对半导体技术有深入的研究,对 CMOS 化的方向理解得很透彻。此外,他性格温和,为人正直,是一位值得尊敬的谈判对手。

有一次,双方达成协议后,他带着这个结果回去向对方的高层汇报,却被告知"不行"。比尔·霍华德先生仅仅是为了解释这一件事情而特意前来。他那种重信守义的武士般的真挚态度,让人深受感动。那之后不久,比尔先生从半导体部门调回总部,因此不再参与半导体谈判。图 4-8 是笔者和比尔·霍华德先生一起用餐时的照片。

图 4-8　重信义的比尔·霍华德先生(1983 年 1 月)

基于 1983 年 1 月与比尔·霍华德先生的会谈,同年秋天,我和负责微处理器市场的初鹿野先生,以及公司海外部的塚田实先生一同访问了摩托罗拉 MOS 基地所在地奥斯汀。我们与负责微处理器业务的马雷·高尔曼先生等人进行了会议。实际参与业务的多位人员出席了会议，讨论非常活跃，但对方强调了 CMOS 生产中的良率问题。摩托罗拉已经开始试产 CMOS 微处理器 6301V 和 16Kb SRAM6116，但良率迟迟无法提高。

他们似乎非常困扰，甚至提出了"请保证在何时之前达到多少百分比良率"的要求。摩托罗拉作为顶尖的半导体公司，我原以为"他们不可能会有这样的问题"，但在详细了解了实际情况后，我们决定提供更加坚实的支持。如果摩托罗拉的 CMOS 无法正常量产，那么我们两家公司正在进行的技术合作将会产生巨大的麻烦。

会议持续了两天，取得了重大进展。关于悬而未决的 CMOS 微处理器问题达成了协议，摩托罗拉决定将 6301V 产品化，并成为第二供应商。

经过一年半的漫长谈判，终于有了成果。然而，对方在启动上还需要时间，正式产品发布是在次年的 1984 年 12 月。

马雷·高尔曼先生拥有计算机学科的学位，是这一领域的先驱。他对微处理器架构有丰富的知识，我们从他那里得到了很多启发。此外，他说话温和，为人亲切，是一位值得尊敬的绅士。在第二天会议结束后傍晚，他邀请我们说："我想邀请你们去奥斯汀我最喜欢的餐厅。"怀着好奇心，我们出发了，结果是一家位于郊外安静场所的雅致法式餐厅，他的女儿在那里工作。原来如此！在这里肯定能放松心情。

他的女儿立刻带着灿烂的笑容来向我们打招呼："今晚我们准备了一桌特别的料理，还有许多美味的葡萄酒。请大家随意、慢慢享用。"我们受到了他们父女的热情款待。

在这家餐厅里，我们谈论了公、私各种话题，在良好的交流氛围中结束。我们都致力于合力协作解决问题，以达到双方公司都能受益共赢的结果。他细心的关怀至今仍是我美好的回忆。这次会谈之后,每当公司间出现困难局面时,我都会找他面对面交流,这些交流进一步加深了我们之间的密切关系。图4-9是与马雷·高尔曼进行会议时进餐的照片。

图4-9 友好的谈判对手马雷·高尔曼先生(1983年秋)

到了1984年,摩托罗拉半导体的高层对公司间的合作关系感到越来越不满,2月底,负责合同的奥恩·威廉姆斯和巴兹·比尔马斯两位先生访问日本,为期两天,就解决方案进行了讨论。感觉对方对于微处理器采用CMOS技术极为谨慎。特别是,"16位CMOS微处理器63K"被称为"Unwelcome Guest"(不速之客),并反对其市场导入。甚至提出:如果日立希望维持与摩托罗拉的合作关系,并推进微处理器的CMOS化,那么他们希望得到1.3微米工艺"大家伙"的技术转让,这是当时最尖端的制程工艺,1Mb DRAM级别的技术。

之后,双方负责谈判的人员在技术交换的对等条款上进行了各种探讨,暂时达成了意向。但是,当这一结果被带回去后,却收到了对方高层"不行!"的回复。问题的症结在于,双方在

"对 63K 的认知问题"上未能达成一致。尽管这一年双方互动频繁，但几乎没有取得任何实质性的进展，时间却在悄然流逝。其根本原因在于摩托罗拉高层对 CMOS 未来潜力的疑虑。

年末临近，也许是对方 CMOS 的良率有所提升，终于正式宣布摩托罗拉将成为 6301V 的第二供应商。自日立 1981 年发布 CMOS 以来，已经过去了三年（在半导体领域，这种延误可以说是致命的）。直到现在，CMOS 微处理器才终于有了第二供应商，市场营销活动也因此加速。然而，直到年末，对于 16 位微处理器"63K 的认知问题"仍然处于搁浅状态，解决这个问题成为下一年的任务。

到了 1985 年中期，6 月 4 日，与马雷·高尔曼先生的会谈在安克拉治举行。双方决定离开公司，选择在安克拉治进行深入讨论。此外，由于安克拉治气温较低，希望能够让头脑冷静、理智地思考，这也是选择该地的原因之一。

除了高尔曼先生，对方的奥恩·威廉姆斯（谈判对接）和汤姆·冈萨雷斯（16 位微处理器负责人）也参加了会议。我方则有我、负责微处理器市场营销的初鹿野凯一先生、16 位微处理器负责人喜田祐三先生、8 位微处理器负责人安田元先生以及公司海外部的塚田实先生出席。这次会议在双方相互理解的基础上进行，始终保持着友好的气氛，并取得了重大进展。日立长期以来的愿望，即 CMOS 16 位微处理器（63K）的产品化得到了认可，摩托罗拉同意成为第二供应商。经过漫长的历程，终于解决了"63K 的认知问题"。

到了这个时候，摩托罗拉内部可能终于认识到，"未来半导体主流将从 NMOS 转向 CMOS"。安克拉治会谈的结果向双方的最高层领导报告后，没有异议，顺利通过。到 8 月末，合同的手续流程终于完成。

很快，1985 年 9 月 13 日，16 位微处理器（63K）产品发布。根据对方的意向，产品被命名为 68HC000。这是经过两年漫长谈判的结果，CMOS 16 位微处理器终于亮相。

这款产品作为世界首款 16 位 CMOS 微处理器，其影响巨大，推动了器件技术从 NMOS 向 CMOS 转换的趋势。

翻山越岭，终于成功，但为什么与摩托罗拉的谈判如此艰难呢？最大的要点，如前所述，是两家公司在"选 NMOS 还是 CMOS"这一理念上的巨大差距。日立于 1978 年在 ISSCC 上发布了 CMOS 版的 4Kb SRAM，两年后发布了 CMOS 版的 16Kb SRAM，在学术界受到了极大的关注。为了进一步证明"CMOS 版 SRAM 量产的可能性"，CMOS 版的 4Kb SRAM 和 16Kb SRAM 都投入了量产线。

我在 1981 年见证了 16Kb SRAM 的生产步入正轨，坚信"未来的主流将从 NMOS 转变为 CMOS"，并在 1981 年秋天的 Dataquest 会议上披露了这一观点。包括英特尔公司的罗伯特·诺伊斯先生在内的半导体各公司的重要高层都出席了这次会议，在经营者层面也引发了"选 NMOS 还是 CMOS"的讨论。然而，直到 1985 年，整个行业才普遍认同了这一结论——"接下来的主流是 CMOS"。

如前所述，1985 年是我们与摩托罗拉达成"CMOS 16 位微处理器（68HC000）产品化"协议的一年。

虽然经历了不少波折，但关于 CMOS 微处理器路线问题的对立终于得到了解决，重大的项目也终于完成。我心中感到安慰——"终于，翻过了一座大山"，但与此相对的是，我之前一直抱有的危机意识却越来越强烈，产生了"如果微处理器架构依赖于其他公司，不仅无法拓展自己的产品，将来恐怕还会阻碍半导体业务的发展"的疑虑。

无论道路多么艰难，都必须拥有"完全可控的独立技术"。不仅仅是我，日立微处理器部门的许多技术人员都有同感。这种情绪积聚成为迈向"微处理器独立战争"的动力。

第 5 章

日立与摩托罗拉的一战

1 从 ICBM 诞生的 ZTAT 微处理器

通常的微处理器内置有用于写入程序的 ROM（Read Only Memory，只读存储器）。虽然可以在冰箱和空调上使用同一款微处理器，但是需要根据设备功能的不同更换 ROM 中的内容。在当时，更换 ROM 中的内容需要半导体制造商更改掩模，并使用该掩模来制造芯片。从掩膜更改开始到完成的时间（工程完成时间）被称为 TAT（Turn Around Time），在量产的情况下大约需要一个月左右。对于微处理器的用户来说，如何快速更换 ROM 内容非常重要。

ZTAT 是 Zero Turn Around Time 的缩写，为了表示 TAT 为零，我给它起了这个名字。当时，表示缩短 TAT 的关键词 QTAT 被作为产品指标使用。这里的 Q 代表 "Quick"（快速）的意思，QTAT 的极限是 ZTAT，由此我命名了 ZTAT。

顺便说一下，我第一次听到 QTAT 这个词是在 1980 年 7 月。当时我参观了 IBM 公司的 East Fishkill 工厂。这个工厂是半导体研发和量产的基地，主要生产公司内部使用的产品。其中，为了尽量缩短半导体的 TAT，建立了一个试产线，被称为"QTAT 生产线"。这是一种接近于现在的晶圆单片处理概念的生产方式（单片式处理是指单独处理每一片晶圆，与批量处理相比，TAT 更短）。该项目的目标是尽可能缩短各工序间的等待时间，接近"物理完成"（物理完成是指等待时间为零的理想 TAT）。这次参观给我留下了深刻的印象，因此我经常在公司内部使用这个词，致力于缩短 TAT。

日立开发的 ZTAT 微处理器将 ROM 部分替换为 EPROM（可擦写的可编程只读存储器）单元，并且为了降低成本，将其封装在塑料中。虽然之前已有搭载 EPROM 的微处理器，但是由于每次改写 EPROM 都需要用紫外线进行擦除，因此芯片被封装在带有玻璃窗口的陶瓷封装中。系统开发者可以通过紫外线擦除，多次更改 EPROM 的内容，但其问题在于带有玻璃窗的陶瓷封装相当昂贵，因此通常只用于试做的样品。

能否将 EPROM 技术应用于低成本大规模生产的产品？回答这个问题的就是 ZTAT 微处理器。其关键点在于，为了降低成本，将封装材料从陶瓷换成了塑料。因为没有玻璃窗口，程序的写入只能进行一次，即所谓的 OTP（One Time Programmable）ROM。

另外，对于掩模 ROM 来说，每次更改都需要支付开发费用，而 EPROM 和 ZTAT 则不需要支付开发费用。上述微处理器搭载 ROM 的各种方案的总结见表 5-1。

表 5-1 微处理器 ROM 各种方案的总结

	掩模 ROM	EPRPM	OTPROM（ZTAT）
改写	半导体机械	用户	用户
TAT	大约 1 个月	几乎为 0	几乎为 0
包装	塑料	带窗口的陶瓷	塑料

(续)

		掩模 ROM	EPRPM	OTPROM（ZTAT）
成本	开发费用	有	无	无
	单价	低	高	比掩模 ROM 略多

ZTAT 的优点在于，当用户急需修改 ROM 时，可以自行进行写入，而且由于采用塑料封装，因此可以大幅降低成本。

ZTAT 微处理器是把现有技术结合的产物，并没有某个技术的突破或新颖之处，但是它将时间轴（即工程完成时间，TAT）缩短到了极限，可以说，能最先想到并实现，也是一种概念的创新。

这个 ZTAT 微处理器产品化的契机，是在我 1981 年就任武藏工厂副厂长后不久，突然飞来的 ICBM（洲际弹道导弹）。当然，这不是真正的 ICBM；实际上是指"当半导体用户遇到大问题时，没有通过正常的业务信息渠道，而直接向干部电话联系"的事情。

最初的 ICBM 是从公司内 VTR 工厂的高层干部那里发来的。电话内容是"VTR 控制用微处理器的程序发现了 bug，需要更换 ROM，情况紧急"。如果仅仅因为一个微处理器的问题，导致远比它昂贵的 VTR 无法出货，那将是非常严重的事情。我立刻召集相关部门负责人开会讨论"如何处理以得到最短的 QTAT"。在明确了优化后的最短工期后，我向 ICBM 回了话，当然这不是让人满意的结果。但对方也明白这是最好的办法，最后勉为其难地同意了。

然而，没过多久，又从另一个地方发来了 ICBM。这种情况发生时，每次都召开紧急会议，竭尽全力以最短的 QTAT 回应对方……这样的情况反复发生了好几次。

由于这样的事情反复发生，人们逐渐意识到，无论怎么努力，QTAT 终究有其极限。因此，我开始考虑如果能够现场编程（即用户自己编程的形式），或许能够找到根本的解决方案，于是将目光投向了 OTPROM（一次性可编程 ROM）的方式。如果用户库存有搭载 OTPROM 的微处理器，就可以不依赖半导体制造商，自行写入 ROM 内容，这样更换 ROM 的 TAT 几乎可以降到零。

着手开发 ZTAT 微处理器是在 1983 年中期，以微处理器设计部门为中心，工艺技术开发部、试作・制造部、检测部等加入了开发。作为最重要的项目，我们以突击作业的形式推进，将所有工程置于最优先地位。我们的目标是年底完成最初的样品。

另一方面，对于市场营销团队，我们要求他们将"ZTAT 微处理器"作为日立的品牌，提前进行商标注册。在产品完成之前的 1984 年 4 月，我们提交了注册申请，到 1986 年 10 月，商标注册正式完成。

然而，ZTAT 微处理器的难度超出了预期，最初的样品并没有正常工作。之后，我们对不良原因进行了分析，又花了半年时间才制作出能够完全正常工作的产品。1984 年 6 月，相应产品终于批量生产下线，产品的合格率达到了 42%。到了这个时候，我们才有了"这个可以！"的感觉。

我们积极推进"工作样本"（Working Sample，WS）测试，到了 8 月底，已经收集了 1000 个工作样本。这些工作样本的目的是让客户试用。紧随 WS 之后的步骤是包括可靠性测试在内的工程样本（Engineering Sample，ES）测试认证。我们原本计划在当年的 10 月底完成，但是遇到了预期之外的问题，进展困难。其中最大的两个问题是"编程写入成功率低"和"数据保持特性不足"（数据写入后随着时间的推移而逐渐丢失的现象)。

由于 OTPROM 的特性，一旦数据写入后，就无法再进行擦除或写入，因此必须在前期测试阶段完成所有的筛选测试。为此，我们对大量的样本，以及各种方式的组合进行了测试，积累了宝贵的技术资料。经过这样的精炼过程，到了 1984 年 12 月底，顺利完成了工程样本的认证。接下来，我们加速进行商业推广和增产的准备。图 5-1 是世界首款 ZTAT 微处理器 HD63701X 的照片。它采用了当时最先进的 2 微米 CMOS 工艺技术。

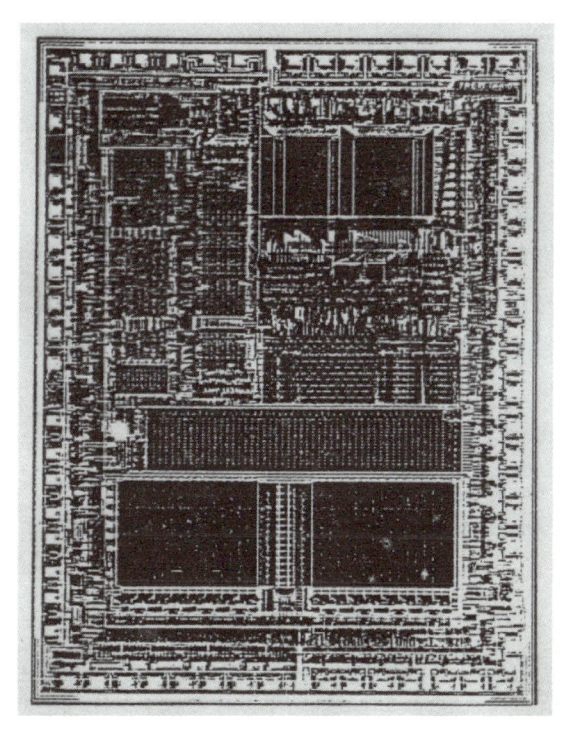

图 5-1　世界首款 ZTAT 微处理器 HD63701X
(内置 4KB EPROM，裸片尺寸 5.9mm×7.5mm)

ZTAT 微处理器的第一个大客户是公司内的小田原工厂。该工厂生产磁盘等存储关联产品，由于不同买家的规格略有不同，因此需要软件的小修改，这正是 ZTAT 微处理器最适合的应用。因为该工厂是 β 测试客户（即在正式发布前试用产品的客户），所以我们优先提供了样品给他们。

到了 1985 年 1 月底，作为 ZTAT 微处理器推广的第一炮，我们组成了以技术团队为主的宣传商队，出发前往美国，与当地团队汇合，开始了在（最大市场）美国的营销活动。由于这是一款基于新概念的产品，我们的目的是向当地销售团队和客户传达可信的技术信息和生产动态。

到了这一年的 3 月，同期开发的 63705V 和 63701V 也完成了工作样品的制作，分别积攒了超过 100 个样本。ZTAT 微处理器的三重奏齐聚一堂，并于 1985 年 5 月 16 日举行的新闻发布会上亮相。除了介绍 ZTAT 的基本概念和技术内容外，我们还阐述了三款产品的特点。以这次新闻发布会为契机，ZTAT 的名字逐渐在国内外逐渐传播开来，销售团队对此的关心也日益增强。

在新闻发布的同时，为了进一步强化市场导入，我们成立了由技术团队和销售团队组成的"WIN 项目"。WIN（赢）不言而喻就是"赢在设计"（Design Win）。我们在 4 月选拔了六名专职人员，对他们进行了关于 ZTAT 的特训，以便能够迅速回答任何有关 ZTAT 的问题。紧接着便是新闻发布会，专职团队于 5 月下旬出发前往北美，进行了为期 4 个月的推广活动。随后，我们启动了国内版的"WIN 项目"，以及面向海外的第二次推广活动。随着国内外的大力推广和销售，订单数量也急剧增加。

在这样的全新产品的启动过程中，最困难的是需求预测与生产量的匹配。由于两者都存在不确定因素，有时会造成意想不到的麻烦。

在 1986 年 6 月到 7 月期间，交货期就出现了这样的问题。需求远远超过预期，而生产方面由于良率（合格率）低迷，未能达到计划产量，无法满足客户的交货期。因此，我们受到了客户严厉的指责："你们称为 ZTAT，但都不能按时发货，这怎么叫'零周转时间'？"

为此，工艺和器件相关的技术人员全体动员，对造成良率低迷的原因进行了分析，最终找到了主要原因。

良率的波动是由于"浮动栅极部分的蚀刻形状控制"问题造成的。因此，在 8 月的生产中，我们针对这一问题实施了改进对策，合格率顺利得到了改善，ZTAT 微处理器的生产总量达到了 24 万个（销售额约为 5 亿日元）。如此迅速的销售增长，作为微处理器新产品的增长速度，在过去是前所未有的，因此其成为主力新产品的期待也随之扩大。如果拿相扑来比喻，就像是一位有望成为横纲的新入门弟子加入了我们队伍。

正如这种上升趋势所展示的，可以说 ZTAT 是一款爆炸性新产品。从技术上来说，虽然它是通过现有工艺、提高可靠性和良率等多种技术的组合而完成的产品，但也正因为如此，在当时全球微处理器行业中，日立成为了领跑者。

表 5-2 展示了日立的 ZTAT 产品与当时英特尔最强的竞品（8751）的参数对比。日立的产品使用 CMOS 技术，而英特尔的产品使用 NMOS 技术，这里选择了当时性能最强的 8751 作为比较对象。日立的 ZTAT 只能写入一次，而英特尔的产品可以多次写入。速度方面两者相当，但日立产品的功耗在运行时仅为英特尔产品的十五分之一，在待机时仅为千分之一以下，这展示了 CMOS 技术的优势。封装方面，日立产品使用的是便宜的塑料，而英特尔产品使用的是昂贵的 CERDIP（陶瓷）封装。从这个比较表中，我们可以看出两者各自的优缺点。

表 5-2 日立的 ZTAT 微处理器 63701X（日立）与 8751（英特尔）的比较

项　　目		63701X（日立）	8751（英特尔）
工艺技术		CMOS OTPROM	NMOS EPROM
速度（μs）		1.0	1.0
消耗电力	运行时（mA）	10	150
	待机时（mA）	0.015	20
内存容量	ROM（KB）	4	4
	RAM（byte）	192	128
I/O 端口数量		53	53
包装		DIP64 塑料	DIP40 陶瓷

为了表达 ZTAT 的未来潜力，在向客户演示和演讲中，我是以如下的口号做总结的："Someday all micros will be made this way, ZTAT."（将来，所有的微处理器都将是 ZTAT）。

根据当时的常识，微处理器分为基于掩模 ROM 和基于 EPROM 的两种，前者面向量产，后者则用于调试和样品原型制作。因此，上述"所有的微处理器都将是 ZTAT"的说法颠覆了以往的常识，产生了巨大的影响。

实际上，这个说法并非我原创。这是以前我在美国国内乘坐飞机，阅读飞行杂志时，偶然翻开杂志的一页，上面有某家手表厂商的石英手表广告，其中有一句话引起了我的注意："Someday all watches will be made this way, Quartz."（将来，所有的手表都将是石英手表）。我将这个关于手表的口号改编成了微处理器版本，并且广泛地使用了它。无论是对于手表还是微处理器，在当时这都是一个出人意料的表述，但是从后来的发展来看，历史大体上确实是沿着这样的轨迹发展的。

ZTAT 微处理器虽然是"现场可编程器件"的先驱，但这个产品迅速被市场所接受。这个事实表明，"现场可编程能力"对用户来说是多么重要，我深受启发。

接下来，从1985年下半年到1986年，作为日立半导体支柱的内存产品由于市场状况恶化，价格急剧下跌，销售额大幅低于预算。与此相对，以ZTAT微处理器为中心的微处理器销售却保持了良好的势头，1986年10月，微处理器部门即便在市场不景气的情况下也创下了销售额的新纪录。

这一年也是《日美半导体协议》签订的年份，因此内存业务被置于日美两国政府的监管之下，其自由度完全丧失。这意味着作为中心的内存业务被微处理器业务取代，微处理器成为日立半导体的中心，引领着日立半导体业务的发展。其中，ZTAT微处理器成为"希望之星"，在汇集众多期待的同时，产量上升，并渗透到了全球市场。

2　Wind Down 事件

虽然有点"好事多磨"的意思，但围绕着被视为"希望之星"的ZTAT微处理器，日立与摩托罗拉又产生了新的问题。内部称之为"Wind Down事件"，因为这个事件，两家公司之间的关系产生了决定性的裂痕。

如前一章所述，CMOS 16位微处理器（63K）的认知问题得到解决，正式推向市场是在1985年9月。长期存在的"CMOS认知问题"解决后不久，关于ZTAT微处理器的协商就正式开始了。

9月24日，摩托罗拉包括奥恩·威廉姆斯先生（谈判负责人）的六名技术人员访问了日立，关于技术转移的会议从早上10点一直持续到傍晚。会议中就今后如何推进ZTAT微处理器的合作关系、各项工作负责人的安排等进行了协商并达成了协议。

会议开始时，我发表了欢迎致辞，主要信息是"日立将全面公开 ZTAT 微处理器的技术。双方共同推广，建立双赢的关系。"为了简洁地表达 ZTAT 的重要性，我使用了之前介绍过的口号来结束我的致辞："将来，所有的微处理器都将是 ZTAT。"对于我强调的 ZTAT 的潜力和重要性，了解微处理器的技术人员似乎很容易就接受了。

随后，讨论了技术转移的具体方法。日立方面也承诺，将尽可能提供支持，因为与摩托罗拉合作启动的话，ZTAT 的普及将比单独行动更快。对方也理解 ZTAT 所具有的巨大潜力，并表示将积极致力于产品化。因此，会议后的宴会气氛非常热烈。

当时，在日立与摩托罗拉之间，有关微处理器产品专利合同的框架与其他半导体产品的框架不同。对于通常的专利合同，双方会将持有的半导体专利全部摆上桌面进行评估，然后协商决定相应的补偿。但是，对于微处理器专利，情况要复杂得多。

首先，将微处理器产品分为符合摩托罗拉架构的产品和不符合的产品，符合的被称为 MFP（Motorola Family Product）。即使制程或器件技术不同，只要符合摩托罗拉架构的微处理器，就被纳入 MFP。例如，日立独立开发的 4 位微处理器不属于 MFP，但是符合摩托罗拉架构的 6801、6301、63K（68HC000）、63701X（ZTAT）等都属于 MFP。更进一步，MFP 中还有摩托罗拉是否是第二供应商的区别。对于成为第二供应商的产品，会授予专利许可给日立，而对于不做第二供应商的产品，则不授予专利许可。有关第二供应商的条件谈判，是商业谈判的一部分，但与专利许可谈判相独立。

以上述为例，就 6301 和 63K（68HC000）而言，摩托罗拉已经决定做第二供应商，但是，ZTAT 是否成为第二供应商产品则留待后续的商业谈判来解决。

而这一切的开始,就是前面提到的 1985 年 9 月 24 日在东京召开的会议。在这个会议上,摩托罗拉技术人员的态度非常积极,因为 ZTAT 微处理器本身对他们来说也是一个有价值的产品,所以大家都认为第二供应商的谈判将会顺利进行。

在第二供应商谈判进行中的 1986 年 2 月 21 日,我被晋升为武藏工厂的厂长,但那时半导体行业已经进入了大萧条时期,日美半导体摩擦也正愈演愈烈。回想起来,那真是在最糟糕的时候的升职。尽管处于这样的大萧条中,ZTAT 微处理器在市场上仍然大受欢迎,国内外销售团队持续要求增加产量。

摩托罗拉的一线工作人员也非常了解 ZTAT 的口碑,他们强烈希望尽快实现产品化。例如,日本分公司的社长里克·扬茨先生就是其中之一。他知道即使在如此大萧条时期,ZTAT 微处理器在市场上仍然表现出色,并感叹道:"ZTAT 微处理器是炸弹般的器件!"我对这个表述深感共鸣,它准确地表达了 ZTAT 微处理器所拥有的强大威力。

在这样不景气的时期,如何确保工厂的工作量是半导体经营者面临的一大课题。他可能认为,如果能够尽早引入 ZTAT,就可以填补因不景气而产量减少的摩托罗拉会津工厂的生产线。

然而,1985 年 9 月召开有关 ZTAT 的东京会议之后 8 个月过去了,到了 1986 年 5 月,情况发生了逆转。摩托罗拉突然通知我们:"没有足够的资源来生产 ZTAT 微处理器,因此无法做第二供应商。"紧接着,进入 6 月后,又收到一个令人惊讶的通知,那是一封内容如下的信函:"因为无法做 ZTAT 微处理器的第二供应商,所以也不能授予专利许可。因此,要求日立逐步停止(Wind Down)这款产品的生产"。

3　首脑会谈的破裂

在半导体领域,"Wind Down"是一个我之前从未听说过的表达。查阅词典后,发现其原意是"摇动手柄使其降下"。这里直白地说,就是要求我们停止 ZTAT 微处理器相关业务。由于 ZTAT 微处理器是我们最畅销的产品,并且这个要求来得又非常突然,因此我们把此事称为"Wind Down 事件"。

在前一年的九月东京会议上,对方的立场也是积极的。如果这次他们提出的"资源不足"是实情的话,那么通过两家公司的合作应该能够找到解决方案。我决定与摩托罗拉微处理器团队负责人马雷·高尔曼先生进行面对面交流。我认为,如果我们坦诚地交谈,应该能够找到某种解决方案,因此,我飞往了奥斯汀。我和他之前在 6301 微处理器的第二供应商问题以及 63K 型号微处理器的认知问题上两次都化解了重大分歧,这次我也抱着同样的期待。

会谈是在信件沟通后不久的 6 月 20 日进行的。与高尔曼先生的会谈中,我们在确认了彼此的立场之后,就"如何能够打破现状"这个问题进行了一次开诚布公的讨论。

我强调,ZTAT 微处理器市场需求极其强烈,如果我们两家公司现在一起推进,应该能够在世界上建立起压倒性的优势地位。此外,为了此项目的启动,我还提出了包括派遣技术人员在内的大胆支持计划。高尔曼先生认真听取了这些建议,并答应我会向摩托罗拉的高层提出这些建议。因为我非常了解他的真诚和执行力,所以期待他向高层的提议能够为解决问题打开道路。

然而,3 个月过去了,对方仍然没有回应。不知道是因为"没有消息就是好消息",还是公司内部的谈判陷入了僵局,情况不明。

摩托罗拉内部似乎围绕高尔曼先生向高层提出的提案进行了一系列的内部讨论。那年的深秋，我们终于从对方的对外部门得到了回应："摩托罗拉的高层决定，无法与日立就 ZTAT 微处理器进行合作。要打破这种局面，仅靠目前的实务级别的谈判是不可能的，只有公司高层直接对话才有可能。"

情况变得非常困难，但除了寄希望于高层会谈之外别无他法。于是，我请求舍三（当时统管日立最重要的电子集团的副社长）先生出面。舍三副社长的地位与我的厂长的位置相比，要高出三个级别，他掌管着半导体和显示器等业务部门。

顶级会谈于 1986 年 12 月 1 日举行。对方出席的有米切尔社长以及其他半导体部门的干部。我方跟随舍三副社长同行的有我和总公司（海外部）的冢田实先生等人。米切尔社长首先对舍三副社长出席表示了诚挚的问候，并对至今为止我方的合作表示了感谢。舍三副社长在回礼的同时，表达了希望通过顶级会谈，双方能够坦诚地讨论合作关系的重建。正当大家以为实质性的对话即将开始时，米切尔社长突然说，"今天的顶级会谈太晚了（too late）"，并且提到就在不久前，他们刚刚与日本另一家公司达成了全面技术合作的协议。

万事休矣！这样一来，一切就此结束！摩托罗拉与日立之间的微处理器技术合作，随着这次顶级会谈的结束而全部告终。从这一天起，两家公司之间的关系陷入了破裂状态。我心中充满了意难平的遗憾。没有自主的微处理器架构，我们就无法自由地做任何事情。即使道路崎岖艰难，我们也必须尽快开发出具有自主权的微处理器架构，并将其投入市场。

在半导体行业乌云漫天之际，不景气的 1986 年结束了。1987 年新年伊始，在日立总公司，双方就如何进行项目的"Wind

Down"举行了第一次会议。会议的主题是"如何开展 Wind Down 的工作",可以说是关于"战后处理"的协商。对方出席的有吉尔曼先生（负责专利）和奥恩·威廉姆斯先生（负责谈判联络）等。日立方面则有总公司海外部的松田和冢田两位先生,以及来自事业部的我和负责微处理器的初鹿野先生出席。在这个时间点,按区域统计,ZTAT 微处理器的出货情况为：亚洲（包括日本）占 60%、美国占 24%、欧洲占 16%。由于客户遍布世界各地,因此这次减产并不容易,也带来了很大的问题。

我方的主张是,即使不向新客户销售产品,也必须尽可能减少对现有客户的麻烦。而对方则反驳说,即使是现有客户,也不能允许使用该产品进行新系统的设计。双方展开了激烈争论,当天最终达成的结论："这个问题双方各自带回去再次协商,争取在 2 月底前最终解决。"于是,问题作为作业被带了回去。

然而,就在这时,我这里发生了意想不到的事情。1987 年 2 月 21 日,我被解除了武藏工厂厂长的职务,被任命为高崎工厂厂长。由于 1986 年下半期预计会出现大幅亏损,作为厂长的我因为工厂亏损而被更换,遭到了降格。

在这个时期,除了《日美半导体协议》问题之外,还有由于内存价格下跌导致的大萧条的影响,加之 ZTAT 微处理器产品的减停（Wind Down）问题,以及我的岗位调动,这让我感到极度痛苦。特别是对于 ZTAT 微处理器,我一直走在前列,进行了开发、量产、市场推广等工作。结果是,得到了许多客户的好评,并且已经在各种机型的设计中被采用。这次的减停问题让我不得不强迫这些客户改变方案,我感到非常内疚,只能在心里向他们道歉,含泪忍受无能为力的遗憾。

之后的实际减停工作是由事业部初鹿野部长等人牵头,在国内外所有营业团队的协助下进行的。对于日立的微处理器业务来说，这是一次巨大的打击，也是一次严峻的考验。那份悔恨之情直到今天也没有消失。

4 深夜大逃亡

转职到高崎工厂两年后的 1989 年，日本的年号从昭和变为平成，标志着一个时代的结束和新时代的开始。日立半导体业务的体制也将迎来新的转折。作为高崎工厂厂长的我，在离开微处理器业务两年后，再次深度参与到微处理器业务中。

在这一年的 2 月，半导体事业部内部成立了"半导体设计开发中心"（以下简称中心），我被任命为第一任主任。主任的任务是统一管理之前隶属于工厂组织内的设计开发部门。产品领域涵盖了微处理器、逻辑电路、存储器、双极晶体管 IC、分立半导体器件等整个半导体领域，还包括工艺开发、封装开发、CAD 开发等基础技术部门。

成为中心主任后，我的第一项重大任务是应对与摩托罗拉的微处理器官司。在我成为中心主任大约一个月前，摩托罗拉以专利侵权为由对日立提起了诉讼。这不仅仅是半导体事业部的问题，而是已经成为整个公司的大问题。

这里我稍微追溯一下，在我成为高崎工厂厂长之前的 1986 年 12 月，日立的舍三副社长和摩托罗拉的米切尔总裁进行了一次高层会谈。在这次会谈中，米切尔社长告知他们已经与其他公司签订了全面合作协议，以此为转折点，两家公司决定分道扬镳。

在此之前，日立内部就已经在探讨"微处理器的自主路线"。如果完全停止与长期盟友摩托罗拉的合作，我们能否自己开辟道路？技术层面、市场层面的资源是否充足？开发投资需要多少年才能收回？然而，由于与摩托罗拉的关系，日立已经到了不得不做决断的地步。必须停止那些盘算，抽身做出决定。

最终确定走"自主路线"方针是在 1986 年 10 月。公司决定，"继续支持摩托罗拉架构的现有产品，但今后所有新产品都将改用日立的自主原创架构"。在武藏工厂，我们集中了最精锐的力量开始自主微处理器的开发。此外，在公司内部，也得到了中央研究所、日立研究所、系统研究所、微电子研究所等研究部门的大力支持，作为最优先的项目来推进。

那一年过后，到了 1987 年 2 月，我被解除武藏工厂厂长的职务，被任命为高崎工厂厂长。但在武藏工厂，日立自主架构的微处理器开发进展顺利，命名为 H8 的新产品在 1988 年 6 月公布，并在市场上获得了好评，设计解决方案也非常顺利地推广开来。然而，就在这时，发生了意想不到的情况。

H8 产品上市后不久，摩托罗拉以"H8 侵犯了本公司的专利"为由，于 1989 年 1 月 18 日提起了诉讼。从这一天起，日立和摩托罗拉进入了战争状态。诉讼是在摩托罗拉总部所在的伊利诺伊州地方法院提起的。当时我是高崎工厂的厂长，所以并没有直接得到相关的报告，但后来我从 H8 的开发团队成员那里听到了以下戏剧性的发展。

当天上午，两家公司的相关人士就 H8 项目进行了协商。日立方面解释了 H8 是基于日立自主的架构。然而，摩托罗拉方面的态度从开始就非常强硬，始终表现出"不愿意倾听"的姿态，因此会议并未产生实际效果。会议结束时，对方提出了共进晚餐的建议，于是日立的五名成员决定先回到酒店等待。

此时，从摩托罗拉的表现，日方律师艾伦·劳达米尔克敏锐地感受到"哪里不对劲"。他直觉地认为摩托罗拉可能很快会提起诉讼。通过独特的渠道察觉到这样的动向后,大家急忙离开酒店,开始了隐蔽撤退的作战行动,这是出于对可能突然接到法院传票而毫无准备的担忧。

他立即指示日立的所有成员办理退房手续。在酒店大堂,他故意提高声音告诉所有人:"我们现在出发去奥黑尔机场。时间紧迫,请尽快行动。"

他故意大声说话,以便让酒店员工也能听到。

然后,他们乘车前往的地方,当然不是奥黑尔机场,而是市内的律师协会设施。由于白天行动危险,他们暂时藏身于此。那天深夜全体人员一起前往的是芝加哥以南六十五英里的印第安纳波利斯机场。在十九日的清晨,他们乘坐早班飞机前往纽约,最终平安无事地踏上了返回日本的归途。这简直可以称为一场"深夜大逃亡",这一段插曲反映了"微处理器独立战争"的激烈程度。图 5-2 中是决定这次深夜大逃亡的艾伦·劳达米尔克律师。

图 5-2 做出深夜大逃亡决定的劳达米尔克律师(左)(2008 年 2 月)

5　日立与摩托罗拉的专利战争

摩托罗拉针对 H8 微处理器的诉讼，成为日立全公司的大问题，日立迅速建立了反击体制。1989 年 1 月 25 日，日立反诉"摩托罗拉的 32 位微处理器（68030）侵犯了日立的专利"。

或许是命运的捉弄，摩托罗拉提起诉讼的次月，我被从高崎工厂厂长调任至新设立的半导体设计开发中心（简称"中心"）的主任。这场微处理器诉讼是中心主要负责的案件，我不得不投入大量的时间和精力来处理这个问题。

这场官司呈现出日立与摩托罗拉全面战争的状态，动员了众多相关人员。从半导体事业部、研究所出动了 50 人，从总公司（社长室、海外部门、知识产权部门等）出动了 23 人，日本和美国的律师共有 83 人。公司内共有 34 人参与证词取证，庭审持续了 85 天。准备的文件堆满了 700 个文件箱。

在日立漫长的历史中，这是第一次与美国发展到打官司的地步。为了取证，我于 1989 年 12 月 8 日，在年末的时候前往寒冷的芝加哥。J·索洛维律师事务所的芭芭拉·斯坦纳女士为我进行了取证前的模拟训练。我记得女士给了我很多简单而基本的建议，比如"不要试图回忆模糊的记忆，要一直坚持说'我不记得，我不知道'。"

诉讼在一进一退的状态中进行，判决于 1990 年 3 月 29 日下达。判决内容是"日立的 H8 和摩托罗拉的 68030 互相侵犯了对方的专利，因此禁止销售。"对于日立来说，正在畅销的 H8 微处理器的销售被禁止是一个严重的问题，但是摩托罗拉的 68030 的销售规模远大于 H8，因此对业务和客户的影响是不可估量的。法官在考虑了这样的社会影响后，做出了"判决执行暂停至 6 月

18 日"的决定，这给了两家公司一个和解谈判、寻求解决方案的缓冲时间。

两家公司开始朝着和解的方向行动，但并非一帆风顺。首先，要达到"坐在同一张谈判桌前"并不容易，这件事直到四月下旬才实现。在这场和解谈判中，作为日方的主要谈判代表，总公司海外部的三木和信发挥了充分的作用。以三木氏为中心，海外部门、知识产权总部和社长室联合力量，事业部门也组织了专门队伍，准备好了临战状态。

到了 5 月 14 日，在东京，工程部门召开了"关于微处理器的相似性"（即 H8 的架构是否与摩托罗拉的相同）的讨论会，为期三天。虽然没有得出明确的结论，但与此同时，日立在 5 月 15 日至 17 日进行了高层间的协商，通过这种"见面会"的方式，终于找到了谈判的突破口。在这种情况下，日立和摩托罗拉于五月下旬在芝加哥进行了第一次正式的谈判。总公司派出了海外部的三木和信先生和知识产权总部的赤木仁先生，以及代表事业部门的我。5 月 27 日下午抵达芝加哥后，我们立即在 J·索洛维律师事务所进行了内部协商。包括日本来的三人以及索洛维律师和哈里斯律师在内的五人，为第二天的谈判进行了作战会议。

与摩托罗拉的协商从 5 月 28 日持续到 30 日，为期三天。对方派出了吉尔曼、费舍尔和西尔格曼三位先生。会议中双方都没有让外部律师参与，日立方面只有来自日本的三木氏、赤木氏和我。这次谈判中，双方的立场大相径庭，距离达成协议还很远，但对于对方在想什么这一点上互相取得了一定的理解。由于判决暂停执行的期限（6 月 18 日）逐渐逼近，最后双方同意：在暂停执行期限前，于芝加哥进行下一轮协商。

下一轮谈判在判决执行暂停期限的前夕，即 6 月 15 日在芝加哥开始了。双方出席的成员与上次相同，各自有三名。从早上开始就进行会议，经过几次休息，进行了全天的谈判，但并未达成妥协。在接下来的 16 日会议开始时，对方提出了"最新提案"，我们详细听取了其说明。在会间休息之后，日立方面提出了"反提案"，并在说明了背景理由后进行了讨论，但并未得出结论，再次进行休息。之后对方提出了进一步的"反提案"，继续商讨，但仍未达成妥协。

就这样，很明显在判决执行暂停期限的 6 月 18 日之前无法得出结果。无奈之下，我们向法院请求再次延期，最终将期限延长到了 6 月 29 日。在 17 日的会议之后，我返回了日本，可以说是扮演了（棒球中）接球手的角色（等待对方投球），只剩下三木先生继续与吉尔曼先生进行"一对一"的谈判。

然后，在 20 日的清晨，我接到了三木先生打到我家里的国际电话，他告诉了我对方提出的最新提案。我感觉到了对方提出的内容相当大胆，因此认为这应该是最后收官的时候了。

我告诉三木先生，我将开始征集公司内部的意见。电话之后，我立即报告给事业本部长金原和夫先生，请求他的指示，并得到了三田胜茂社长的同意。就这样，这一案件终于得到了解决。

6 月 25 日，我们对外宣布，"日立和摩托罗拉两家公司在解决专利纠纷方面已经达成了基本共识"。这一天标志着两家公司关系进入了停战状态。此后的详细谈判由律师团队主导，负责书面化和解协议的内容，并在日立的常务会议上获得认可，这一过程完成于 10 月 4 日。摩托罗拉公司内部的决策层也通过了协议，在 10 月 10 日对外宣布"和解谈判已达成最终协议"。图 5-3 展示了日立与摩托罗拉之间专利战争的概况。

日立微处理器开发年表

1975/11	与摩托罗拉签订微处理器合同
1980/9	发布HD6801（NMOS版）
1981/10	发布HD6301（CMOS版）
1988/6	推出独立路线H8微处理器
1989/1	摩托罗拉对H8微处理器提起诉讼
1990/3	判决
1990/10	宣布和解谈判达成最终协议
1992/11	发布SH微处理器
1993/7	发布F-ZTAT

诉讼的论点

摩托罗拉	日立
• H8微处理器侵犯了摩托罗拉的4项专利 • M68030没有侵犯日立的专利	• H8微处理器没有侵犯摩托罗拉的专利 • M68030侵犯了日立的1项专利

判决与和解

1990/3	判决指出双方相互侵犯专利，并开始和解谈判
1990/6	宣布就和解方向达成大致协议
1990/10	宣布和解谈判达成最终协议

图5-3 日立与摩托罗拉专利战争的概况

由于这场诉讼的牵扯,我们的微处理器开发和销售活动几乎停滞了将近两年的时间。这对日立的半导体事业部来说是一个巨大的打击,但是以和解为契机,我们得以大张旗鼓地宣传推广 H8 等自主独特路线的微处理器产品。于是,"微处理器独立战争"在 1990 年 10 月 10 日迎来了终战。

这场终战之所以能够避免最糟糕的结果,是因为它是日立集结了各部门力量的成果。其中,三木和信个人付出的努力和奉献也功不可没。他充分展示了专业的谈判能力。

顺便一提,我后来在 1996 年的日美半导体谈判中担任民间代表;在与摩托罗拉的交涉中从三木先生那里学到了很多谈判技巧,对我帮助很大。

在宣布"摩托罗拉判决的基本共识"两个月后,我邀请了三位一直以来关照我的先生(三木氏、小川氏、赤木氏)一起去打高尔夫(如图 5-4 所示)。尽管是 8 月酷暑,但愉快的回忆深深留在了我的心里。

图 5-4　摩托罗拉诉讼和解纪念高尔夫(1990 年 8 月 9 日,狭山 GC)
(从左至右分别为笔者、赤木仁、三木和信、小川胜男)

日立与摩托罗拉的关系从最初的美妙蜜月期开始，经历了厌倦期，最终变质为对立关系，发展成诉讼，并在判决后的谈判中达成了和解。我想回顾一下，是什么因素导致了这样的事态发展，并做一个总结。

（1）在20世纪70年代中期，微处理器领域是英特尔一家独大。摩托罗拉在架构上具有优势的6800微处理器晚一步进入市场，正在寻求第二供应商。而日立因为早期进入微处理器领域，寻求与先行企业的合作，通过交换自动打线技术，引入了6800微处理器。这对双方来说都是一个双赢的开始。

（2）当时，器件技术的主流是NMOS，但日立成功地将高速CMOS技术应用于16Kb SRAM并实现量产，从这一经验中，我们确信未来CMOS将成为主流。在引进摩托罗拉的NMOS微处理器之后，我们开始开发CMOS微处理器。虽然我们将这项技术转移给了摩托罗拉，但对方坚信NMOS是主流，对CMOS持消极态度。双方在认知上的差距逐渐扩大。此外，对日立开发的CMOS产品的排斥，对方似乎也存在着NIH（Not Invented Here）综合征群体扩大的问题（这在哪里都是常见的事情）。随后，整个行业逐渐转向CMOS，对方也开始推进CMOS产品的商品化，但未能将这一优势转化为商业战略。对技术未来性（NMOS和CMOS哪个是未来的发展方向）的认识差异是导致双方分歧的一个重要因素。

（3）接着开发的ZTAT微处理器是一款具有零TAT的划时代产品，我们也向对方展示了这项技术。当时正值半导体行业不景气，面临如何提高工厂运转率的问题。从工厂生产管理的角度来看，ZTAT微处理器是一款高效性器件，被评价为"炸弹"般的器件。然而，对方高层的判断则不是引进这项技术，而是要求日立减停（Wind Down）此产品。公司高层外交的缺失被认为是一个重要因素。与摩托罗拉的合作始于1974年，当时的事业部部长今村访问了对方，开启了高层外交的道路。但是，之后的继任者来自工业电气领域，对与摩托罗拉的合作可以说是持怀疑态度，高层外交因此中断。

为了保持两家企业的良好关系，除了技术层面的交流和管理层面的合作之外，经营者层面的高层外交也极为重要。通过这次经历，我深刻感受到，在组织的各个层面上，理解对方情况并建立坚实人际关系的重要性。

随着时间的流逝，到了 2008 年 2 月 13 日，一场名为"战友聚会"的活动在日立目白俱乐部举行，以纪念与摩托罗拉的那场战斗。共有约二十名相关人员参加，甚至远在美国的艾伦·劳达米尔克先生——也就是那位做出"深夜大逃亡"决策的律师，也匆匆赶来。在这次聚会上，每个人都分享了自己的经历，还有"国内首次爆料"等新鲜话题，气氛非常热闹。图 5-5 是所有参加者的照片。

图 5-5　摩托罗拉诉讼纪念"战友聚会"（2008 年 2 月，日立目白俱乐部）

第 6 章
微处理器大决战

1　开创全新领域的新型 RISC 微处理器

　　与摩托罗拉公司的微处理器诉讼于 1990 年 10 月全部结束，日立的微处理器业务因此获得了前所未有的自由度，开发、生产、销售活动开启了新的篇章。这是"微处理器大决战"的开始。作为大决战的第一个案例，我想谈谈从战略上推广的 SH 微处理器。SH 是"Super H"的缩写，是一种基于新型 RISC 架构的 32 位微处理器。

　　我想回头说一下，从 1975 年与摩托罗拉开始进行技术合作起，我就参与了日立的微处理器业务，经历了与对方的蜜月期般的合作、在 CMOS 微处理器上的对立、ZTAT 微处理器的减停事件，以及围绕 H8 微处理器的诉讼纠纷等，最后还深入参与了和解谈判。

　　在这样的洪流中，"无论如何也必须开发一个自主可控的处理器架构"这一念头一直是我多年的夙愿。因此，从 SH 微处理器的开发到业务化的各方面，我发誓都要站在最前面开辟道路，并为此一直努力着。

日立的微处理器开发团队确立了目标："在白纸一样的园区，描绘最新技术的图画！在未来最强的增长领域，打造最好的微处理器！"并朝着此目标迈进。我们还向公司各个研究所的干部们强调了这个项目的重要性，并请求他们提供最大的支持。

参加人员之多以至于这里无法记录所有参与开发的成员。但作为设计开发的核心成员有：事业部的川崎俊平、仓员桂一、赤尾泰、马场志朗、木原利昌、吉周真一、川崎郁也、稻吉秀夫等。还有 HMSI（日立半导体的美国设计公司）的 Jim Slager 和 Ehsan Racid 两位。研究所方面有中央研究所的野口孝树、内山邦男，系统研究所的海永正博、堂免信义，以及日立研究所的前乌英雄等。当然，还有许多技术人员参与了相关开发的工作，如软件开发工具的开发、客户支持系统的开发、市场营销宣传、工艺技术、封装技术、质量保证等方面的工作。

摩托罗拉的微处理器架构是基于 CISC（Complex Instruction Set Computer，复杂指令集计算机）的方式，但我们开发团队接到的课题是"开发完全不同架构的微处理器"，因此选择了基于 RISC（Reduced Instruction Set Computer，简化指令集计算机）架构的方案。

RISC 架构起源于 1970 年，当时 IBM 公司的 801 计算机项目首次应用了这种架构。此后，该技术得到了进一步的改进。到了 1985 年，MIPS 公司首次开发出了商用的 MPU（微处理器单元）。接着，IBM 公司的 POWER、SUN（Sun Mircrosystems）公司的 SPARC、DEC 公司的 Alpha 等高性能计算机都采用了 RISC 架构，使得 RISC 架构得到了更广泛的推广。

我们的技术团队为了使 MIPS/W 指标（效能功耗比，即每消耗一瓦所获得的计算性能）达到世界最高水平，采取了多种措施。在充分利用 RISC 架构的高性能特点的同时，尽量降低功耗。例如，地址长度和数据长度为 32 位，但我们将其指令集的代码长度从通常的 32 位缩短为 16 位的固定长度，这样做成功实现了所需内存容量和功耗的大幅降低。

作为 SH 系列的首个产品，SH-1 在 1992 年 11 月的日立微处理器技术研讨会上发布。它被定位为最适合用于 PDA、移动电话、HDD 等各种多媒体设备的产品。图 6-1 展示了 SH-1 的芯片照片。这是采用了当时最先进的 0.8μm（微米）CMOS 工艺开发的芯片。

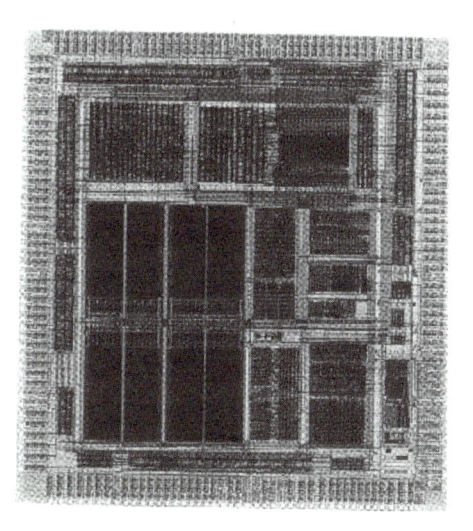

图 6-1　SH-1 芯片照片（1992 年）
（芯片尺寸约 10mm，0.8μm（微米）CMOS 工艺，60 万个晶体管）

如何将这一宝贵的开发成果导入市场、获取客户，并使生产和销售步入正轨；如何使这一系列的过程同步推进并有效衔接，最终取得胜利，这些是我被赋予的任务。我毫不犹豫地全身心投入了工作。

　　进入 1993 年，随着 SH-1 的样品开始分发，宣传团队提出了产品推广方案，在国内各种媒体上投放大量广告。图 6-2 展示的"决策性的一枚芯片"也是推广活动中使用的一个例子。这是一则极为罕见的广告，它展示了 SH 微处理器不仅对于日立而言是"决策性的微处理器"，对我来说也是这样的存在，这也成为微处理器事业新起点的宣言。

图 6-2　决策性的一枚芯片（1993 年）

　　SH-1 的样品分发开始后，市场上的评价非常高，具体的设计解决方案也顺利进行。此外，根据市场反馈——强烈要求根据不同应用场景开发不同规格的产品，因此，我们进行了 SH-1 后续产品的开发。

图 6-3 展示了产品系列的扩展情况，包括 SH-2、SH-3、SH-4、SH-DSP 等。

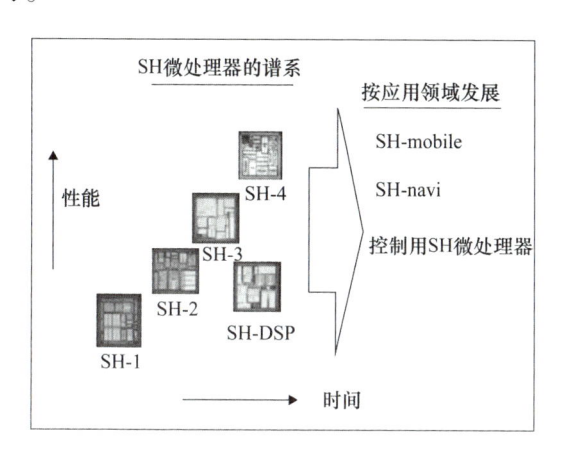

图 6-3　SH 微处理器的路线图（由木原利昌提供）

构成了 SH 家族后，其家族成员稳步增加。此外，由于其定位是作为应用领域专用的微处理器，我们还开发了面向移动电话的 SH-mobile 和面向车载导航系统的 SH-navi 等，使其作为一个强大的微处理器家族不断成长。

这里先插一句，在 2003 年，当瑞萨科技公司成立时，这些微处理器产品全部转移到了瑞萨，并作为主力产品支撑了业务（关于瑞萨的各种微处理器市场占有率等，请参考第 7 章第 7 节）。

SH-1 作为家族中的先锋产品，成功地发挥了其作用，并将 SH 的名字广泛传播到世界各地。在众多的设计解决方案中，卡西欧的数码相机是成功案例之一。数码相机在之前就有许多公司尝试过产品化，但由于技术水平跟不上，概念无法实现。成为其瓶颈的主要是微处理器性能低下和成本高昂。SH-1 作为单片微处理器，在全球首次以 2000 日元的价格实现了 16MIPS 的性能，从而解决了这个瓶颈问题。

卡西欧通过不懈的努力，成功实现了产品化，并在 1995 年发布了型号为 QV-10 的数码相机。搭载 27 万像素 CCD 的数码相机销售业绩远远超过了预期。1995 年是微软公司发布 Windows—95、个人计算机普及迅速扩大的年份，QV-10 作为个人计算机的便捷输入设备赢得了好评。

后来，我向卡西欧的社长樫尾和雄先生询问过当时的情形，他的回答如下。

"在 QV-10 发布之前，我们请来了相机专家和摄影师进行评价，但普遍的意见是画质太低，公司内部对此产品也没有抱太大的期望。当时，我们缺乏从个人计算机便捷输入设备的角度来看问题。因此，生产准备也不充分。结果，产品刚一发布，就突然接到了大量的订单，我们不得不急忙跑到日立去请求紧急增加 SH 微处理器的产量，同时也缠着 CCD 和液晶显示厂家请求帮忙。这就像打高尔夫球时，本以为打了个界外球（OB），却没想到球击中了树木，意外地落回到场地内，结果还打出了小鸟球（以低于标准杆数一杆完成这一洞的成绩）。"

QV-10 作为先行者，开创了新的数码相机市场，之后许多相机厂家和电子机械厂家也纷纷加入了这个市场。到 2003 年，数码相机的产量终于超过了胶片相机，成为当今相机的主流产品。SH 微处理器在推动相机转型方面发挥了重要作用。

SH-2 设计解决方案的成功案例是世嘉的游戏机（世嘉土星）。从 SH 微处理器还处在研发阶段的 1992 年 1 月起，借助一起吃饭等机会，我就与世嘉的社长中山隼雄先生保持联系，并将 SH 的概况逐一向他通报。那年的 10 月，虽然还没有正式发布 SH，但中山社长告诉我"公司已经决定在世嘉的下一代游戏机上使用 SH"。对于日立来说，已经到了一步也不能后退的地步。进入 1993 年后，中山社长和入交昭一郎副社长告诉我，游戏机的发布定在 1994 年 9 月，希望我们能够开发好微处理器并启动生产。日立全力以赴地投入到了 SH-2 的开发和生产中。

在那年的玩具展上首次亮相的世嘉土星使用了两个 SH 微处理器，并获得了好评。实际产品的发布是在同年 11 月。第一天就卖出了 17 万台，日立也加快了 SH-2 微处理器的增产步伐。

虽然这里只介绍了两个案例，但 SH 微处理器还广泛应用于其他领域，如电子乐器、车载导航系统、数字电影和录像机等，它开辟了一个全新的、被称为"数字消费电子产品"的大领域。

1996 年初，对于 SH 微处理器来说的一个意想不到的好消息突然传来。美国的一本与微处理器相关的杂志 *Microprocessor Report*（1996 年 1 月号）发布了 1995 年 RISC 微处理器的产量排名。SH 微处理器的产量达到了 1200 万个，市场份额为 41%，远远超过其他公司的产品，位居第一。排在第二位的是英特尔公司的 i960（市场份额 20%），第三位是 IBM 公司的 PowerPC（市场份额 11%），第四位是 MIPS（市场份额 11%），第五位是 ARM（市场份额 7%）。

SH 微处理器能够获得如此高排名的原因之一是其广泛应用于包括世嘉土星和卡西欧数码相机等多个领域。这个消息对于参与 SH 微处理器的开发、生产和销售的相关人员来说，可以说是最好的"新年礼物"。

SH 微处理器在市场上获得好评的原因是基于新型架构实现的以下特点。

（1）MIPS/W（每瓦特的处理能力）为当前世界最高：在 SH-3 上实现了 100MIPS/W，这是一个数量级的提升。

（2）世界最小尺寸的高性能 RISC 芯片：裸片尺寸仅为 6.58mm^2（平方毫米）。

(3) 大幅降低了每 MIPS 的成本：实现了 1 美元/MIPS。

(4) 当前最适合多媒体应用的处理器：RISC 与 DSP 功能的叠加效应等。

2　VLSI 研讨会上的主题演讲

自从 SH 微处理器进入市场以来，我一直在思考如何让其在国内乃至世界主流市场中占据一席之地。就在这个时候，PDA（Personal Digital Assistants，个人数字助理）和以苹果的"牛顿"和夏普的"Zaurus"为代表的高性能便携式数字终端在市场上出现了。这些产品的出现极大地激发了我的灵感。特别是牛顿，它让我感觉到"游牧计算"的时代即将到来。所谓"游牧"是指通过使用移动终端，人们可以从时间和地点的限制中解放出来。1993 年 PDA 的出现，使得游牧计算的概念从抽象变得更加具体，并带来了现实的可能性。

分析微处理器应用的一系列变化——20 世纪 80 年代个人计算机（PC）带动了计算机的"小型化趋势"，我意识到，90 年代移动终端将带来"游牧计算趋势"。由此我认为，低功耗且高性能的 SH 微处理器在这样一个新趋势中将扮演核心角色。也就是说，下面的目标是使我们的微处理器成为"游牧计算时代的主要引擎"。

对日立半导体部门整体而言，已经准备好了向客户提供低功耗的便携系统的解决方案（低功耗便携系统：以 SH 微处理器为核心，包括低功耗存储器、低功耗逻辑器件、RF 器件等低功耗器件构成）。因此，我们启动了"游牧计算时代系统方案业务"。

为了在整个半导体部门贯彻这一概念，我首先在 1993 年 6 月的营业生产联络会议上提出了这一想法。这个会议涉及半导体业务的营业部、事业部、工厂的干部（主要是部长以上），每月一次聚集在一起进行业务回顾和情报交流，这次会议确定的方针成为业务活动的起点。之后，我在公司内部的各种场合反复宣传这一观点，以贯彻该方针。无论是在面向客户的演示中，还是在各种演讲会上，甚至在国内外的媒体采访中，我都反复阐述了这一概念。

就这样，我将 SH 微处理器定位为"游牧计算时代的主要引擎"，向公司内外推广。通过这些活动，SH 微处理器的知名度在国内外逐渐提高，并发展成为全球性的产品。

1994 年，我收到了半导体调查公司 InStat 的邀请，在 5 月的国际会议上发表了主题演讲。InStat 的社长杰克·比德尔是摩托罗拉出身的名人，而会议的地点是在摩托罗拉总部所在的凤凰城。我认为这是提高 SH 微处理器知名度的绝佳机会，因此接受了邀请。我将演讲的主题定为"Megatrends in the Nomadic Age"（游牧计算时代的大趋势）。图 6-4 是我在会议上使用的幻灯片之一，展示了从 PC 时代的小型化趋势向游牧计算趋势的转变（原始资料收藏于日本半导体历史博物馆·牧本资料室·第六展示室）。

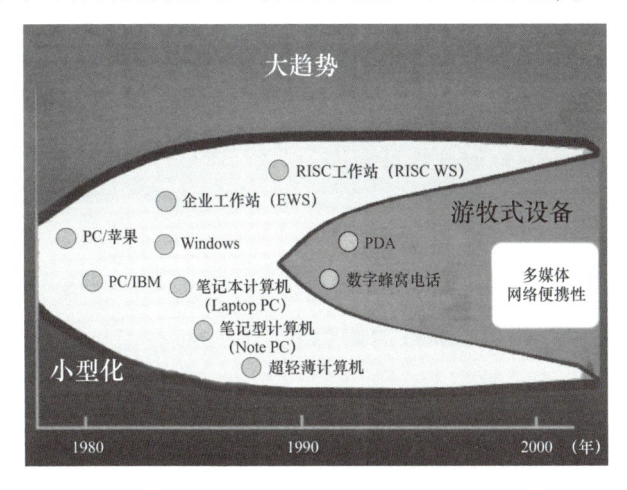

图 6-4　大趋势的幻灯片（1994 年 5 月，InStat 公司主办）

这张图展示了以 PC 为起点的"小型化趋势"向由高性能移动终端产生的"游牧计算趋势"转变的概念（这是最初的版本）。

当时的代表性产品只有数字蜂窝电话（移动电话）和 PDA（个人数字助理），内容相对单一。但是，随后这个类别中不断有新产品被引入市场，例如数码相机、MP3 播放器、HPC（手持计算机）、便携式游戏机等。在此基础上，今天的平板电脑、智能手机、电子书等多样化的电子设备应运而生。随着这些发展，图 6-4 的内容也不断被更新。

1996 年 6 月，我应邀在夏威夷举办的"VLSI 研讨会"上进行了题为"游牧时代㊀的市场与技术趋势"（Market and Technology Trends in the Nomadic Age）的演讲。这个研讨会与 ISSCC 和 IEDM 并列为半导体领域的重要会议，吸引了众多参与者。能够接到大会主旨演讲（Keynote Speech）的邀请是一项荣誉，因此我全力以赴地进行了准备。（原始资料存放在日本半导体历史博物馆·牧本资料室·第六展示室。）

演讲的主题是"高性能·低功耗设备带来的后 PC 时代的新范式"。我以 SH 微处理器为核心，讲述了其技术创新的影响。这里介绍两张我当时使用的幻灯片。

图 6-5 展示了各种微处理器的性能与功率的分布。与面向 PC 或 WS（工作站）的处理器相比，新型 RISC 微处理器在 MIPS/W（每秒每瓦百万指令数）方面具有压倒性的优势。需要强调一点：正是这个差异，产生了推动后 PC 时代新范式的动力。

图 6-6 是关于各种微处理器的性能（MIPS）与成本的分布。如果从 MIPS/$（成本）的角度来看，CISC 型与新型 RISC 型之

㊀ 本文中的"游牧时代"均为"数字游牧时代"，是指由于通信技术和便携设备的发展，人们不必被时空束缚，可以在任意地点、任意时间，远程操作的工作生活形态。——译者注

间几乎有一个数量级的差异，这一点在图中清晰地展示了出来。并且，我在演讲中提到，新型 RISC 在不久的将来将会突破 10MIPS/$ 的价格台阶，而实际上，在我演讲的次年，这样的数值就已经实现了。

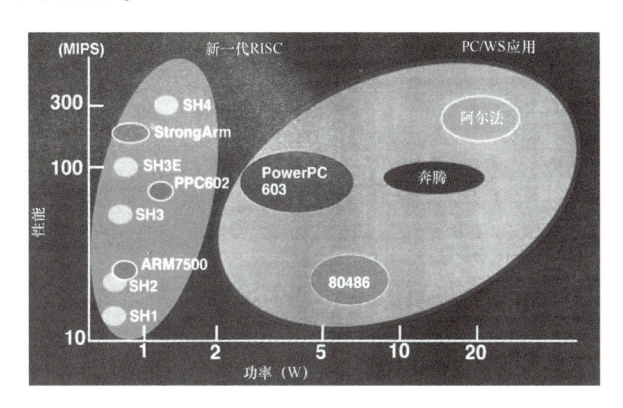

图 6-5　各种微处理器的性能与功率分布

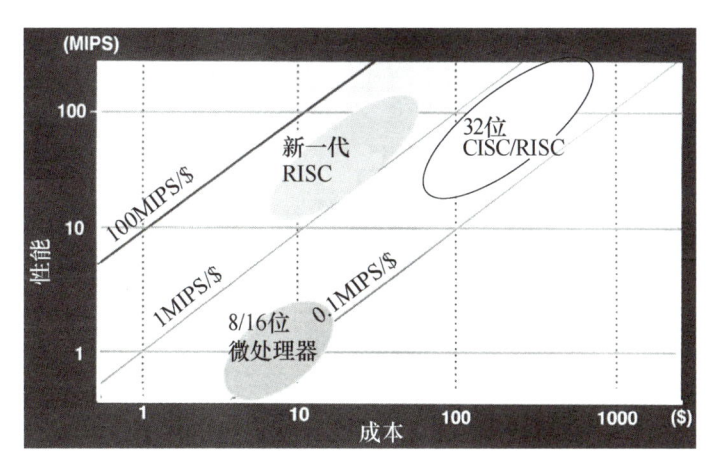

图 6-6　微处理器的性能（MIPS）与成本分布

我的演讲结束后，我有机会与英特尔的技术主管进行了一次交流。他是经常出现在半导体相关会议上的常客，我们之间的关系不错，经常相互打招呼。他给了我一个有趣的评论："牧本先生的演讲让我感到惊讶，这已经是第二次了。"

"第一次是在 1981 年的 Dataquest Conference 上，关于 CMOS 内存的演讲。英特尔 2147（NMOS）和日立 6147（CMOS）的对比数据让我感到震惊。这款出色的器件，给了英特尔技术团队巨大的刺激。第二次是在今天的演讲中，关于新型 RISC 与 CISC 差异的数据。无论是 MIPS/W 还是 MIPS/$（成本），都有数量级的差距，这同样令人吃惊。"这些点正是新型 RISC 最重要的特征，作为英特尔半导体顶级企业的技术人员能够敏锐地观察到这些，让我感到非常钦佩。在当时的时间点看，我觉得 SH 微处理器就像是"新浪潮"中的先锋一样，闪烁着耀眼的光芒。

3　Windows CE 项目

SH 微处理器的产品发布是在 1992 年 11 月，但进入 1993 年后，推广活动变得更加活跃，其知名度逐渐提升，开始为世界所熟知。在这种状况下，我们与微软开始了一个合作项目，将面向消费电子的新操作系统（后来的 Windows CE）移植到 SH 微处理器上。这是"微处理器大决战"中的关键战略。

关于这个项目是如何启动和发展的，我将基于当时在 HMSI（日立半导体设计公司）工作的托尼·莫罗扬先生的记录，并结合我的记忆，来描述当时的情况。

微软公司意欲进军消费电子领域，根据比尔·盖茨总裁的授意，由哈雷尔·科德斯领导的六人团队访问了日本，并与日立进行了会谈。我没有参加这次会议，但总公司、计算机部门、家电部门和半导体部门的成员参加了会谈。日立方面几乎全体成员都是日本人，唯一的例外是从美国来的托尼。因此，对于微软公司的哈雷尔来说，托尼·莫罗扬自然而然地成为日立方面的联络窗口。

微软公司方面阐述了他们进军消费电子领域的新方针，提出了希望与日立合作的建议，并希望得到日立对此项目的看法。由于日立方面的回应非常缓慢，有一天，哈雷尔给托尼打了电话，对此表示愤怒："此事如此拖拉，如果你们继续拖延，那么我们希望将日立从共同开发的名单中除名。如果你们真的有意向合作，我们希望在下周一之前能够看到你们的提案。"

接到这个电话后，考虑到时间紧迫，托尼在与 HMSI 的初鹿野社长商量后，决定采取紧急措施。他绕过通常的信息流程路径，直接向我这个事业部长提出了申请。为了赶上对方指定的期限，只能在 HMSI 当地汇总提案并提交，因此，他希望获得大幅度的决策权。

我认识到这个项目不仅对 SH 微处理器，而且对整个日立半导体业务，甚至对信息家电领域都极为重要，因此我大致同意了托尼的提议，并传达了需要紧急行动的指示。此外，我还承诺，我将全力支持微软公司的共同开发项目，将其作为最重要的工作，并希望他们全力以赴。接到这一指示后，托尼把整个周末的时间都花在了提案准备工作上，并在对方要求的周一之前完成了任务。

就这样，我们终于开始了与微软公司合作项目的启动工作。经过几次业务级别的会议之后，项目于 1994 年 2 月 23 日正式启动。为此，在位于西雅图附近的雷德蒙德的微软总部大楼举行了第一次干部会议。对方由高级副总裁内森·迈沃尔德领衔，消费电子部门负责人克雷格·曼迪等干部出席，项目负责人哈雷尔主持了会议。

日立方面除了我之外，还有 HMSI 的初鹿野社长、托尼、微处理器设计部的木原部长等出席。预定搭载新操作系统的微处理器是 SH-3，但在这个阶段，SH-3 还只是纸上谈兵的一个概念，连影子都没有，还只是处于制定规格的阶段。基于对 SH-1 和 SH-2 的销售业绩，以及对 SH-3 的规格指标的信任，我们启动了项目。

会议一开始，哈雷尔宣布了项目的代号（Pulsar）和面向消费电子的新操作系统的暂定名称（Pegasus）。接着，在这次会议上，对方强烈要求的是严格遵守 SH-3 微处理器（100MIPS 版）和编译器的开发日程，以及跟踪项目进展的各个时间节点。此外，对于微处理器的评估板、ICE（在线仿真器）、调试工具等，也确定了各自项目的主要进展节点。

编译器的开发需要高度专业的技能，这对于日立半导体集团来说是一个难以独立承担的任务。因此，我们决定利用外部资源，委托原 DEC 公司负责编译器开发的比尔·巴克斯塔尔先生创办的高科技企业 Bsquare 公司来承担这一工作。

双方的项目领导者分别是微软的哈雷尔和日立的木原部长，HMSI 的托尼作为专职负责人，负责整个项目的协调。此外，微处理器软件设计部的茶木英明先生作为软件开发的专职人，经常前往美国，与微软公司和 HMSI 协作推进开发工作。

这个共同开发项目从 1993 年提出提案到 1996 年，历时四年。作为日立半导体集团的重点项目，我亲自参加了所有重要的项目进展会议，确保项目的顺利进行。

启动会议 9 个月后，即 1994 年 11 月中旬，SH-3 的第一个样品完成，并开始了调试。为了遵守与微软公司的约定交期，除了"一次性成功"之外别无选择。我们只能依赖奇迹般的幸运。在这样的不安和期待中，传来了"基本上按照最初的规格正常运行了"的消息！

这简直是一次令人激动的"一次性成功"，这使得项目的前景大大开阔。到了年底，我们按预定计划给微软公司提供了评估板，对于双方的项目成员来说，这是一次重大的里程碑式的成就。

在这样的进展之后，第二次干部会议的召开定于 1995 年 3 月 9 日。对方将这个项目从迈沃尔德先生领导的 R&D 部门转交给 PEG（Personal Electronics Group）部门，向产品化方向迈进了一步。以首席副总裁普拉多·西尔瓦巴格为首，包括哈雷尔在内的关键成员访问了日本，在东京举行了会议。由于此时的 SH-3 已经从单纯的纸面规格转变为实际的产品，即虚拟变成了现实，因此对方对日立的能力给予了高度评价，会议气氛非常热烈。在会议的席间，也报告了推广新操作系统业务的进展：卡西欧、康柏（Compaq）、诺基亚、LG 电子等公司的便携信息终端设备都选择了 SH-3 作为候选。

另外，新操作系统所支持的处理器除了 SH 之外，还有 MIPS 和 x86（英特尔系）两个平台作为候选，这一点我们早已知晓。我们必须赢得这场竞争——这是我们坚定的决心。

对方表示，目前 SH 处于领先地位，微软公司的新操作系统有可能首先搭载在 SH 微处理器上。这对于日立的微处理器业务来说是一个期待已久的事情，可以说是一个千载难逢的机会！在 PC 领域，x86 架构技术几乎形成了垄断，但在即将到来的移动时代，SH 微处理器有可能首先担任主要引擎的角色。

在听取了对方的发言后，我表达了对于这个项目的坚定决心："在日立半导体部门中，微处理器业务是最重要的部门，而其中，尤其是拥有自主架构的 SH 微处理器是最关键的产品。我们一直以'数字游牧时代的主要引擎"为目标推进 SH 微处理器。如果微软公司的新操作系统（Pegasus）能够搭载在我们的产品上，那将是如虎添翼。我们决定集结全公司研发部门的力量，全力投入这个项目，我也将全力以赴地深入参与到这个项目中，确保万无一失。"

5 个月后，也就是 1995 年 8 月，我前往雷德蒙德的微软总部参加了第三次的干部会议。对方出席这次会议有：比尔盖茨总裁、波士顿的保罗·马里茨副总裁、西尔瓦巴格高级副总裁，以及项目负责人哈雷尔在内的关键成员。会议的目的是对项目进行回顾审议，同时增进双方亲密关系。我方出席人员除了我之外，还有 HMSI 的初鹿野社长和托尼，以及从日本来的木原部长、专职负责人川下智惠女士、软件负责人茶木英明先生。恰逢暑假期间，这次访问也旨在加深双方的交流，但会议开始前发生了一个小插曲。

到达雷德蒙德的当天下午，我们原本约定与微软的人员进行交流性质的高尔夫球活动，但不幸的是，天空下起了小雨。然而，按照日立的习惯，"小雨也决行"，尤其是在夏天，小雨并不会导致活动取消。于是，我们按计划前往贝尔克里克（BearCreek）高尔夫球场。但是，到了那里却发现微软的成员一个都没有来。当时还没有普及移动电话，联系不上他们，我们只好先自行开始打球。当我们打了几个洞后，微软的成员终于有三人赶到了。他们解释说，按照微软的习惯，即使是夏天，小雨也不会继续活动。这次是因为两家公司内部常识的不同而导致的误会。

尽管如此，他们还是决定加入我们，按照日立的习惯继续打高尔夫。但是，随着球洞的推进，雨势逐渐加强，天气也变得越来越冷，完全不像夏天。在还剩下两个洞的时候，我们终于放弃

第 6 章 微处理器大决战　　127

了，返回了俱乐部会所，在那里谈笑风生。这次经历让我们明白了为什么他们不会"小雨也决行"，毕竟，"入乡随俗"嘛。此外，这次活动中，我们还收到了微软公司赠送的带有公司标志的高尔夫球衫作为礼物。

在这个阶段，由于项目进展相对顺利，当晚的聚餐会上气氛非常活跃。特别是当地产的美味葡萄酒被频频举杯，会场充满了轻松的气氛。图 6-7 是与微软的高管聚餐时的照片，我穿着作为礼物的高尔夫球衫参加了这次聚餐。此外，桌上摆满了许多葡萄酒杯，这也让人回忆起当时的热烈气氛。第二天举行了第三次干部会议。

图 6-7　与微软高管的聚餐会（1995 年 8 月）（从左至右：西尔瓦巴格高级副总裁、笔者、茶木英明先生。后：哈雷尔·科德斯先生）

翌年的 1996 年 5 月 22 日，在东京举行了第四次干部会议，微软公司的干部汇报了项目的现状和未来的推进方法。在此之前，5 月 7 日和 8 日，由微软公司主办了新操作系统启动大会，据报道，约有 150 家 ISV（独立软件开发商）参加了这次会议，会议非常盛大。另外，关于微处理器 SH 与 MIPS 的竞争，SH 阵营处于优势，作为潜在用户，具体提到了卡西欧、LG、惠普、康柏等公司的名字。而且，x86 架构的支持几乎没有什么进展，所以这场战斗呈现出 SH 与 MIPS 一对一单挑的态势。

在这场战斗中，虽然胜利已经近在眼前，但直到最后都不能松懈。根据对方的日程安排，新操作系统的新闻发布会将在夏季进行，而到了 11 月，在美国拉斯维加斯举行的 Comdex（当时最大的计算机及相关产品展）上，各公司将会同时发布并开始销售便携式消费类计算机设备（后来被称为掌上 PC）。倒计时已经越来越近了。

微软公司的新操作系统新闻发布会在 1996 年 9 月 16 日（美国时间）举行，新操作系统的正式名称为"Windows CE"。此外，使用这个操作系统的掌上电脑被称为 HPC（Handheld PC）。

与微软的新闻发布会相呼应，日立公司在 9 月 17 日（日本时间）召开了记者招待会，对 SH 微处理器的战略进行了说明。第二天，"划时代的意义——（继英特尔之后）SH 微处理器搭载 Windows"和"新操作系统与 SH 微处理器成为便携式计算机的引爆剂"等大标题的文章在报纸上刊登，极大地提升了 SH 微处理器的知名度。这是多年来微处理器团队努力积累的结果，对于参与这个项目的相关人员来说，是最大的回报，也是激励。

两个月后的 11 月，在 Comdex 展览会上，有七家公司发布了 HPC 产品。

采用 SH 微处理器的公司有惠普、康柏、卡西欧、日立、LG 电子这五家。而采用 MIPS 的公司则有 NEC 和飞利浦这两家。在这场一对一的较量中，SH 以五对二的压倒性优势获得了胜利。

在 Comdex 展上 SH 微处理器的胜利是多年来坚持微处理器独立战争策略的正确性的证明。它确立了 SH 微处理器在数字游牧时代微处理器的主导地位。尽管这是一项与微软公司长达四年的长期合作项目，但对于 SH 微处理器来说，这成为值得纪念的里程碑。

图 6-8 比较了笔记本电脑和掌上 PC 的几项参数。虽然掌上 PC 的处理器主频仅是笔记本电脑的三分之一，但从性能、成本、尺寸、电池续航方面考虑，其便携性更胜一筹，可以说是数字游牧时代的主角。这样的趋势后来延续到了网络 PC、智能手机、平板电脑等。

	笔记本电脑	掌上PC	备注
电池续航	4.5小时	8小时	续航时间翻倍
尺寸	4000cm^3	800cm^3	体积缩小5倍
成本	3000美元	1000美元	价格降低3倍
性能	360MIPS CISC	130 MIPS CISC	速度减慢3倍

图 6-8　笔记本电脑与掌上 PC 的比较（来自笔者的演讲资料）

Comdex 展结束后的 11 月 24 日，在雷德蒙德举行了与微软公司的第五次干部会议，这次会议是为了对合作开发项目做总结。对方团队由微软公司高级副总裁保罗·马里茨领衔，包括消费类产品部门负责人克雷格·曼迪、项目领导哈雷尔·科德斯等。我方团队除了我之外，还有 HMSI 社长初鹿野凯一、家电部门掌上 PC 负责人大西勋、项目负责人木原利昌、HMSI 负责人托尼·莫罗扬等。

会议一开始，项目管理负责人哈雷尔就做了一个简洁的总结报告，首先是对日立方面的协作表示感谢。当时的记录如下："……日立以难以置信的合作态度给予了我们支持。它不像是一个规模达七兆日元的大公司，而像是一群饥渴的学生。"这是对参与项目的日立所有成员的最大赞誉，我很赞同他的评价。

微软方面表示："今后，系统除了掌上 PC 之外，这个操作还考虑应用于其他各个方面，例如，游戏领域、图形应用、家庭多媒体、互联网电视、汽车等多样的民用设备。对于这些领域，我们希望进一步加强与日立方面（半导体和家电部门）的战略合作关系。"

对此，我回应说，新的操作系统搭载在 SH 微处理器上是日立半导体历史上的一个里程碑，能够与微软公司共同顺利完成，这一点是我们最大的喜悦。我向微软公司的支持表示了深深的感谢。接着我说，通过搭载 Windows CE，SH 微处理器可以成为游牧计算时代最强的处理器，在这个领域我们已经迈出了走向世界标准的一步，希望在此基础上建立更加深厚的关系。这样的想法是项目成员共同的愿望。

在这次会议的最后，我们意外地收到了来自微软公司的礼物，一台搭载了 Windows CE 的掌上 PC 模型。在图 6-9 中，除了我们的纪念照片外，还展示了这个掌上 PC 模型。

图 6-9　Windows 项目的完工庆祝（1996 年 11 月）

在 Comdex 展会上，搭载了微软 Windows CE 的 SH 微处理器以压倒性优势战胜了 MIPS 和 x86 等其他 MPU，从而使其知名度在全球范围内得到了提升。其不仅在掌上 PC，也在便携信息终端、车载导航、DVD 和游戏机等各个领域得到了广泛应用，其应用设计在国内外得到了广泛推广。当初开发 SH 微处理器的梦想——"成为游牧计算时代的主引擎"，变成现实，并且逐渐展开。

回想起来，我们的"微处理器独立战争"始于 1986 年 12 月 1 日。就在这一天，在严寒的芝加哥，摩托罗拉和日立的最高领导层进行了会谈，但最终破裂，合作关系因此解除。这成为这场独立战争的起因。

日立的微处理器团队致力于开发自主处理器架构，并进行了不懈的战斗，至今已经取得了无数战果。特别是在 Comdex 展会上，SH 微处理器取得了压倒性的胜利，巩固了其在全球市场上的地位，为未来开辟了广阔的视野。这无疑是长达十年之久的"微处理器独立战争"的完美收官，令人感慨万千。

4　复仇的 F-ZTAT 微处理器

F-ZTAT 微处理器是继之前提到的 ZTAT 微处理器之后的新突破。它是基于日立自主架构的产品，也是悲壮收场的 ZTAT 微处理器的复仇版，是"微处理器大决战"的重要一环。

在微处理器的 ROM 部分，原本搭载的是 OTP（一次性可编程内存），但 ZTAT 微处理器把它们改成闪存，使得用户端可以多次进行擦写。例如，即使是已经出货的产品，也可以在现场进行重写，其便利性大大提高。"F"不仅代表"Flash"（闪存），也意味着"Flexible"（灵活的），并且还与"Field Programmable"（现场可编程）的"F"相通。

关于闪存的第一篇学术论文是在 1984 年的 IEDM（国际电子

器件会议）上，由当时东芝的舛冈富士雄先生发表的。在此之前，EPROM 是代表性的不挥发内存，需要使用紫外线来擦除，而闪存可以实现电气化的一次性擦除，其实用性大幅提升。最初，它是作为存储器单品进行产品化的，到了 1990 年左右，就能够制造出兆位（Mega-bit, Mb）级别的内存了。

在这种情况下，日立公司开始进行将闪存搭载到微处理器上的研究。

上一代的 ZTAT 微处理器主要是基于摩托罗拉架构，但由于与对方的关系陷入僵局，不幸地经历了"Wind Down"的过程，最终以"悲运的微处理器"而告终。从某种意义上讲，F-ZTAT 的产品化也是对 ZTAT 的一种复仇。

微处理器（MCU）如图 6-10 所示，由运算部分（CPU）、内存部分（RAM 和 ROM）以及周边电路构成。用户程序被内置在 ROM 部分，但如何能容易且快速地重写其内容，是决定产品吸引力的重要因素。该图展示了从 MASK ROM 到 OTPROM（ZTAT），再到闪存（F-ZTAT）的 ROM 部分的演变过程。

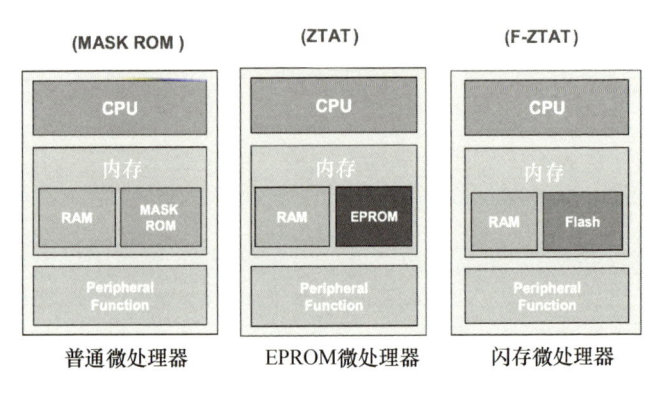

图 6-10　微处理器（MCU）的 ROM 部分演变

在日立，内置闪存微处理器的开发是由微处理器设计部门主导进行的，第一个登场的产品是图 6-11 所示的 H8-538F，其市场导入是在 1993 年 7 月。关于产品的技术细节在《日立评论》1994 年 7 月号上以论文形式发表，该文章标题为"内置闪存的F-ZTAT 微型计算机"。这篇论文的作者包括向井浩文、松原清、上村美幸、伊藤高志等各位，而上一代的 ZTAT 开发成员石桥谦一、土屋文雄、佐藤恒夫、品川裕等则提供了之前的知识和经验，协助了开发。

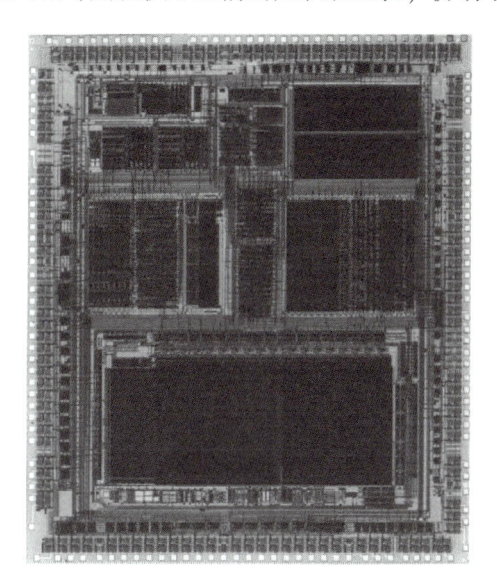

图 6-11 F-ZTAT 微处理器第一弹 H8-538F（1993 年）
（0.8μm CMOS 工艺、RAM 2KB、ROM 60KB、16MHz）

在闪存微处理器的量产化过程中，主要的技术挑战有以下三点：
（1）为了提高成本竞争力，存储单元结构的改进和良率的提高。
（2）读出和写入次数（重写次数）的提高。

(3) 数据记忆性的保障（确保写入的数据不会消失）。

为了克服这些技术难题，日立以微处理器设计部门为中心，汇集了存储器设计部门的闪存团队、工艺技术部门、制造技术部门、检测部门等技术人员，齐心协力，领先于世界最早实现了量产化。

另一方面，为了有效地开拓市场，我们进行了正式的"商标注册"，这项工作由广告团队牵头推进。由于 OTP 版本的商标是 ZTAT（Zero Turn Around Time），因此作为其发展形态，我们将其命名为 F-ZTAT。在 1993 年中期提出商标申请，与商标局的协商也没有遇到大问题，于 1996 年正式完成了注册。

F-ZTAT 微处理器成功开拓了许多以前未能覆盖的新市场，例如：

(1) 用于测试市场的小批量产品；
(2) 在行业标准尚未完全确定阶段的产品（如通信和家电等）；
(3) 产品出货后可能发生程序变更的领域（如汽车发动机控制等）；
(4) ROM 频繁变更的产品（如家电等）；
(5) 需要定期进行校正产品（如测量和控制系统等）；
(6) 针对不同客户的差异定制化产品（如地区或客户差异、定制等）。

随着覆盖市场领域的扩大，各种产品开发的需求纷纷涌至。为了满足这些需求，日立公司致力于大幅扩充产品系列。除了 8 位微处理器系列（H8-300、300L）和 16 位微处理器系列（H8-300H 及 500）之外，还推出了 32 位微处理器 SH 系列，以充实产品线。

到 1998 年，日立的产品种类达到了 33 种，覆盖的市场领域也从工业和办公设备扩展到了民生电器、信息设备和汽车领域。

对我来说，F-ZTAT 微处理器的产品化具有特别的意义，因为这与"牧本波动"的预测完全一致（关于"牧本波动"请参考第8章第2节）。

在这个波动预测中，预计从 1987 年到 1997 年的十年间将是"ASIC 主导的定制化时代"，而从 1997 年到 2007 年的十年间则将是"现场可编程器件主导的标准化时代"的到来。因此，在我心中，既有"F-ZTAT 作为现场可编程器件的首个实际产品必须成功"这样的决心，同时也混合着基于波动预测——"F-ZTAT 一定能够成功"的信念。

图 6-12 展示了日立 F-ZTAT 微处理器的年度出货量变化，1995 年的出货量是 10 万个，到了 1996 年增长到 400 万个，1997 年更是增长到接近 4000 万个，几乎增加了一个数量级，在 2000 年达到了近 1 亿个的水平。它以惊人的速度被市场所接受，其最重要的原因是产品的特点与市场需求相匹配，此外，大规模的推广活动和 MGO（微处理器大决战）也发挥了重要作用。这一点将在后面进行说明。

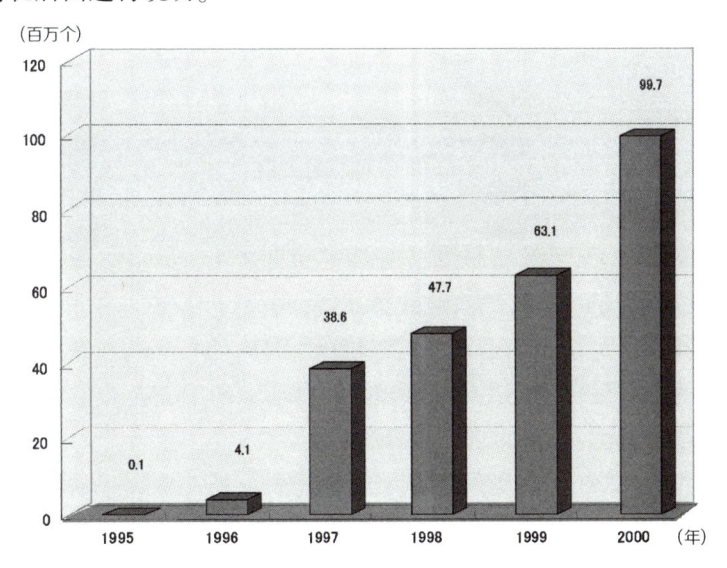

图 6-12　Flash 微处理器的出货量变化（日立）

在 20 世纪 90 年代后半期，F-ZTAT 微处理器实际上确实迎来了快速的增长，这与前面提到的"牧本波动"的预测完全吻合，成为验证预测准确性的一个案例。几乎在同一时期，FPGA（现场可编程门阵列）也迎来了其增长期，这正好标志着"现场可编程器件时代的到来"。

在这种情况下，从 20 世纪 90 年代后半期到 2000 年，对"牧本波动"的关注迅速上升，我收到了许多来自各种行业会议和学会的演讲邀请。此外，这种趋势并不限于半导体领域，在计算机领域也成为强烈关注的焦点。在这样的背景下，我意外地收到了中国北京的计算机学会（Computer Innovation 6016）、美国坦帕的超级计算机学会（SC2006）、德国德累斯顿的超级计算机学会（ISC2007）等主要学会的演讲邀请。

另外，在通信领域，我也收到了在横须贺举行的"可重构无线"会议（WTP2008）的演讲邀请。在任何产业领域，"如何才能满足客户的需求"是处理业务的基本，而作为手段的是"选择标准品（通用产品）还是定制品（专用产品）"的问题，这是一个永恒的课题。

5 微控车拉力赛（MCR）

得益于 F-ZTAT 微处理器所具有的灵活性，许多之前被认为不可能的事情变得可能。在教育领域，也打开了新的可能性。我始终认为，与美国的半导体教育相比，日本的半导体教育远远落后。教授半导体的知识需要高昂的成本，这也是至今没有找到好办法的原因之一。

在我思考这些问题的时候，北海道的一所工业高中的教师们提出了一个意想不到的建议："举办一场 F-ZTAT 的微控车拉力赛

（MCR，用微处理器来控制汽车模型，进行汽车拉力赛）。"这个想法最初是由日立北海道分公司的一位微处理器技术专家寺下晴一先生想到的，并向工业高中的教师们提出了这个建议。接到了这个提议后，札幌琴似工业高中的石村光政教官和札幌国际信息高中的笹川政久教官，开始热心地推动这一计划。两位教官的热情和奉献最终促成了 MCR。

当我从日立应用技术部门负责人御法川和夫先生那里听到这个提议时，我的心情可以用"这太棒了！"一句话来形容。尽管需要相当大的成本（大约一千万日元），我还是承诺会全面支持这个计划。为了加强日本半导体的发展，虽然看起来像是绕远路，但我认为从高中时期开始就需要半导体相关的实际体验。我们决定向全国参加大赛的所有人无偿提供 F-ZTAT 版的 H8 微处理器，并且日立方面还将向包括指导员在内的工作人员提供支持。

第一届微控车拉力赛于 1996 年 1 月 13 日在严寒的札幌举办。图 6-13 是当时开幕式上致辞的照片。我们大赛的口号是："加油！向着最高的目标！"

图 6-13　MCR 的开幕致辞（1996 年 1 月 13 日）

这项活动取得了巨大的成功，随着一届又一届的举办，参加的学校数量也在增加。从第三届大赛开始，它已经成为全国性的大赛，从最北的北海道到最南的冲绳，全国各地工业高中生参与其中。顺便说一下，1996年，参加第一届大赛的微控车（高中生部门）有99台。这个数字随着年份的增加而增长，1997年达到159台，1998年达到202台，1999年达到352台，2000年达到974台。到了2001年，终于超过了1000台的大关，达到了1413台。

在第五届大赛（2000年）上，作为对MCR做出贡献的人员之一，我意外地受到了表彰。表彰状上写着"鉴于对微控车拉力赛的设立及其发展所做的贡献，特此表彰"。

时间飞逝，到了2007年，为了纪念MCR创办12周年，由笹川政久教官编纂的书籍出版了。书名是《太厉害了！日本·微控车拉力赛的12年》。这本书记录了从MCR的开始到当时的发展过程，由许多不同的作者撰写，汇集了许多感人的故事，是一本值得推荐的读物。

我受邀为这本书撰写了后记，在这里摘录其中主要部分，以表达我的感悟。

"MCR的规则极其简单，那就是在不脱离赛道的情况下，尽可能快地跑完全程。如果试图避免脱轨，就会降低速度（低风险·低回报的情况）；反之，如果增加速度，脱轨的概率也就会增加（高风险·高回报的情况）。这种被迫做出选择的情况，在人生的各种场合中都会遇到，是人生中无法避免的事情。将风险控制在最小限度内，向更高目标挑战，是人生的缩影，也是微控车拉力赛的魅力。同时，大赛也体现了对技术的要求。这可以说是真正的'体验·启发式教育'。"

这个大赛之所以成功的技术因素之一，是将最新的微处理器技术及时地融入教育中。日立于 1993 年开始向市场导入 F-ZTAT 微处理器，到 1995 年已经达到了量产水平。

其最大的特点在于"随时随地都可以进行程序修改"。即便是在大赛的正式比赛中，我们也看到了在出发前对程序进行修改的场景，而使这一切成为可能的就是 F-ZTAT 技术。这项领先世界的技术，通过 MCR 在高中生的教育现场发挥作用，具有极其深远的意义。

学生们能够亲身感受到尖端技术的魅力，这对于企业人士来说也是极大的欣慰。

日立率先推出的 F-ZTAT 微处理器已经成为现场可编程微处理器的代名词，如今已经成为微处理器的主流。回想起来，ZTAT 微处理器作为最初的现场可编程微处理器在 20 世纪 80 年代中期被引入市场。关于 ZTAT 的未来潜力，我无法忘记当时在各种场合使用过的句子："Someday, all micros will be made this way, ZTAT."（总有一天，所有的微处理器都将是 ZTAT）。

从最初引入的 ZTAT 到进化了的 F-ZTAT，现场可编程微处理器占据主流的日子（"Someday"）终于到来了！想到这些，我不禁感慨万千。

6　MGO——微处理器大决战

MGO 是日立为了推广原创微处理器（如 H8 微处理器和 SH 微处理器）而实施的生产和销售一体化作战的称呼，是"微处理器大决战"的总体战略。

最初自主研发的 H8 微处理器涉及与摩托罗拉之间的专利纠纷，但是，这个问题在 1990 年全部得到解决，因此 H8 微处理器产品系列出征世界成为可能。以此为契机，设计开发部门、市场营销部门、销售部门之间都在酝酿着微处理器推广的大项目。借此机会，与以往的推广方式不同，我们启动了 MGO（Micro Grand Operation，微处理器大决战）项目，这个名字是我取的。以往的推广活动通常会称为"×××推广项目"，但特意使用"Operation"这个词是为了表达"这次的项目与以往不同！"的决心。

实际上，这个项目的灵感来源于一个案例，那就是 20 世纪 70 年代后半期英特尔实施的"Operation Crush"（粉碎作战）。我在 1987 年刚赴任高崎工厂厂长不久，美国的朋友送给我一本威廉·戴维多的著作 *Marketing High Technology*。这本书详细记载了 20 世纪 70 年代后半期，英特尔与摩托罗拉在 16 位微处理器市场上激烈的争夺战，以及英特尔是如何取得胜利的。

当时，作为 16 位微处理器，英特尔的 8086 已经率先上市并占据了压倒性的领先地位。然而，后发的摩托罗拉凭借性能更优的 68000 发起了猛攻。英特尔的销售团队陷入了恐慌，认为没有胜算，士气也下降了。

为了打破这样的局面，英特尔启动了"Operation Crush"，而主导这场作战的正是威廉·戴维多先生。

戴维多先生明确区分了"器件"和"产品"的不同。"器件"是指不包含客户支持的单纯的产品，主要关注的是芯片的硬件特性，如处理速度、功耗、内存容量等。在这方面，先发的 8086 敌不过 68000。而另一方面，"产品"则是指包括客户使用的便利性在内的整个产品的特性，例如支持文档、参考设计、软件、研讨会、供应体系等综合性的客户支持变得重要。戴维多先生以"即使器件上输了，也要在产品上赢回来！"的坚定意志指挥整个"作战"，这使得英特尔阵营的士气逐渐恢复，并重新取得了竞争优势。

在这场激烈竞争中，决定胜负的是 1981 年 IBM 的设计方案。

英特尔的 8086 的姊妹产品 8088 被设计进了 IBM PC。这成为开拓计算机新时代的重大产品,为之后英特尔占据世界顶尖地位发挥了重要作用。

MGO 是在 1991 年 2 月启动的。其最大的目标是直接连接设计开发部门、生产部门、营业部门以及最终客户之间的沟通线路。在半导体业务中,技术、产品、市场、客户的变化速度极快。因此,将一个部门发生的变化快速、准确地传达给其他部门,让整个团队共享信息是非常重要的。

为了完成这样的任务,项目成员需要具备高水平的技术能力。

以设计部门为中心,优秀的微处理器技术人员被动员参与这场大战。第一期 MGO(1991 年至 1993 年)由 13 名成员启动。担任专职成员并扮演领导角色的是阿部正义(负责日立各分公司)、川下智惠(负责国内)、堀田慎吉(负责海外)三位先生,他们当时是设计部门的主任技师。此外,作为技师类别的专职成员的有越路诚一、竹岛雅彦、增田训、山崎秀树四位先生。他们对微处理器的技术及其应用设备的精髓有着深入的理解,可以说是一批"经验丰富"的年轻技术人员站在了这个大决战的前沿。

在 MGO 启动时,给所有成员分发了前面提到的 *Marketing High Technology* 一书,并推荐他们阅读。当时日语版无法获得,因此我们按照人数订购了英文原版,分发给了每个人。这本书在推进 MGO 活动方面起到了"圣经"般的指导作用。特别是在海外市场营销方面,很多人表示从这本书中学到了很多东西。微处理器在海外销售能够大幅增长,这本书功不可没。

顺便一提,第一期担任专职领导的川下先生,后来在美国有机会与这本书的作者威廉·戴维多先生见面。请求签名时,戴维多先生欣然接受。这本书至今仍被珍藏着。

第二期（1993年至1995年）约有30名成员。专职领导是佐藤恒夫（负责国内、日立分公司）和菅原正彦（负责海外）两位先生。此外，作为成员加入的还有佐贺直哲、武田博两位主任技师，以及山浦忠、中田邦彦两位技师。

第三期（1995年至1997年）成员增加到约80名，面向世界各地的众多客户开展设计、营销活动。专职负责人分别是芝崎信雄（负责日立分公司）、川下智惠（负责国内业务）、菅原正彦（负责海外业务）。此外，作为主任技师级别的有荻田清、浦川澄夫、荒井保、岩下裕之、石井重雄、浅野道雄、藤永高正、松泽朝夫、邑乐隆之等，组成了一个多彩的团队。在技师级别中有武智贤治、土屋博一、田中欣也、山本克己、高松和也、三石直干等加入，团队成为强有力的组织。

MGO的成员将工作地点搬到了与销售部门相同的地方，销售部门的副总经理海保隆负责整合销售部门，形成了真正的"产销一体化"项目体制。在我主持的定期F会议（部长、副厂长以上级别的会议）上，项目的进展情况由技术部长安田元进行了报告。为了准备这些资料，使用了个人计算机（苹果的Mac），在当时这是一种先进的方法，但即便如此，准备一页资料仍需花费大约30分钟。

第一期推进的产品以H8微处理器为主。这是日立最初的原创微处理器重点产品，在与摩托罗拉的专利纠纷结束之后，正式开始扩大销售。在VTR、电视机、音响等民用领域，复印机、打印机、传真机、个人计算机等办公设备领域，以及照相机等各个领域，市场被逐渐打开。

从第二期开始，加入了SH微处理器。在性能方面，它是全球最高水平的产品，尤其是"MIPS/W"（算力与功耗的比）的数值遥遥领先，成为最大的销售亮点。SH微处理器不仅被应用于世界领先的卡西欧数码相机、世嘉的游戏机、罗兰的电子乐器、雅马哈的电子琴等产品中，还被汽车导航企业 Zanavi 和爱信 AW 等企业采用，成为开拓"数字消费品"这一新应用领域的推动者。

此外，在 1993 年，H8 微处理器的 F-ZTAT 版（搭载闪存版本）也被引入市场。针对这一世界首款"现场可编程微处理器"，我们进行了广泛的设计方案推广活动。F-ZTAT 的优势在于能够适应任何小批量设备的生产，对于系统设计师来说，它使得微处理器变得极为好用和方便。其象征性的事例就是前面提到的微控车拉力赛。

到了第三期，面向民生领域的微软新操作系统 Windows CE 被搭载到了 SH 微处理器上，SH 微处理器开始成为世界标准产品的一部分。

顺便说一下，由于这个"大决战"是我承诺的项目，因此，如果有销售部门或者 MGO 成员提出要求，我会尽量安排时间直接前往客户处，以顶级销售员的形式支持活动。当然，要使顶级销售员发挥作用，离不开销售团队（特约店、销售部门、市场营销部门、MGO 成员等）日常默默无闻的扎实工作。我的工作是向客户明确传达"作为日立半导体的顶层，我深深地致力于微处理器"，并且用"自己的言语"讲述产品和市场未来的动向。这是极其重要的事情，因为我认为，通过这样的做法，客户方才能获得对产品的信任感和安心感。

实际上，对于涉及系统架构的微处理器等产品来说，"顶层领导的承诺非常重要"，这一点在威廉·戴维多的 *Marketing High Technology* 一书中也有明确表述。这可能是指英特尔创始人罗伯特·诺伊斯的事。我听到过各种各样有关他走访客户时的谈话等故事的传闻。许多客户在与他交流之后，都变成了"诺伊斯信徒"。诺伊斯不仅在技术上留下了 IC 发明等杰出成就，而且在销售方面，他也可以被称为"世界顶尖的半导体销售员"。

接下来，让我们看看在 MGO 活动后，微处理器的销售额是如何增长的。在 MGO 开始之前，1991 年的微处理器销售额是每月 45 亿日元，其中大部分是摩托罗拉系列的旧产品（68 系列和 63 系列）；新产品的销售额（H8 系列等）只有 5 亿日元，仅占总体的 11%。通过 MGO 活动，新产品的销售额成倍增长，到 1992 年达到了每月 10 亿日元（总体的 20%），1993 年达到了 20 亿日元（总体的 36%），1994 年微处理器的总销售额为 80 亿日元，而新产品的销售额达到了 45 亿日元，占到了总体的 56%。在这个时候，新产品的 H8 微处理器和 SH 微处理器终于超越了旧产品，成为主角。

MGO 的第一期到第三期（1991 年至 1997 年）是日立半导体的动荡时期。直到 1995 年，存储器业务的迅猛发展推动了公司业绩的增长，但 1996 年以后，由于大萧条的影响，这种势头消失。取而代之的是，微处理器成为半导体业务的新支柱，发生了戏剧性的角色更替。

在 1993 年下半期，微处理器与内存的销售额比率分别是，相对于内存的 1，微处理器仅为 0.42，连内存的一半都不到。然而到了 1997 年下半年，相对于内存的 1，微处理器的比率上升到了 1.25，实现了首次的角色更替。在这个时间点上，微处理器可以说是名副其实地成为支撑日立半导体的顶梁柱。

支撑这一惊人成果的巨大力量正是 MGO 活动，其名声也逐渐在国内同行之间传播开来。有一次，在与 MGO 成员的酒宴上，我听说日本的一家竞争对手公司对 MGO 有这样的评价："日立半导体的可怕之处在于 SH 微处理器；比它更可怕的是 MGO；但是，最可怕的是牧本先生的顶尖销售。"

这可能多少有些夸张和奉承的成分，但我在日立半导体作为顶层领导对 H8 微处理器、SH 微处理器、F-ZTAT 微处理器的强烈承诺确实传达给了客户，并给了他们安全感。然而，不用说，真正让 MGO 名声大噪的是那些热情并且献身于这项活动的年轻微处理器技术人员和销售员们。他们确实了不起！应该得到赞扬。

我作为顶尖销售，其中重要的一环是客户访问，这样的案例数不胜数。在这里，我想介绍其中几个印象特别深刻的例子。

中国台湾省　宏基公司

该公司是由施崇棠先生于 1976 年创立，并迅速成长的企业。

自从 SH-3 搭载了 Windows CE，各家公司开始发布 HPC（掌上 PC）的时候，通过日立中国台湾省分公司社长 S·H·陈先生介绍后，我开始偶尔与公司顶层施崇棠先生联系。在 1997 年 4 月访问时，我得知他们决定在公司的 HPC 上采用 SH-3。

施崇棠先生强烈意识到高科技领域半导体技术革新的影响力，我们非常自然地意气相投。然后，他向我提出请求，希望我们举办全面性的半导体研讨会。

日立公司在三个月内做了充分的准备，于 1997 年 7 月 2 日成功举办了"面向宏基的日立研讨会"（Hitachi Seminar for Acer）。我带领几位技术领域的干部参加，并在会议开头就半导体的最新动态进行了演讲。接着，同行的专家不仅对微处理器进行了详细的介绍，还介绍了日立的其他重要半导体产品和技术。

对方有大量技术人员参加，问答环节非常活跃（如图 6-14 所示）。那天晚上举办了技术人员的交流派对，第二天还为有意者安排了高尔夫交流活动。得益于对方负责人和日立公司的 S·H·陈先生细致周到的安排，技术团队之间建立了紧密的联系。

图 6-14　在宏基（中国台湾省）的日立研讨会（1997 年 7 月 2 日）
（中央为董事长施崇棠，其右侧为笔者）

卡西欧

由于该公司技术中心位于羽村市，与位于小平市的日立武藏工厂地理位置相近，日立的业务团队在进行 LSI 业务之前就与之保持联系。关于 LSI，我们进行了多项合作开发，其中影响最大的是 1971 年发售的 6 位显示计算器，即卡西欧迷你。它的电视广告语"一炮打响！卡西欧迷你"大受欢迎，使它成为热销商品。

我们与卡西欧的社长樫尾和雄、副社长樫尾幸雄、专务香西敏男、专务前野重喜、专务志村则彰、常务羽方将之等高层管理人员有着定期和不定期的会议以及交流机会，到了微处理器时代，这种关系变得更加紧密。

特别值得一提的是，引领世界的数码相机（QV-10）采用了 SH-1 设计解决方案，开辟了数码相机的新时代。那一年发布了 Windows 95，QV-10 作为简单连接到计算机的图像输入设备，意外地大受欢迎。

此外，卡西欧在将 Windows CE 搭载到 SH 微处理器上的过程中也发挥了重要作用。在微软开发面向消费类产品的操作系统时，卡西欧很早就与微软建立了联系，并且推荐了 SH 微处理器作为搭载该操作系统的微处理器。在 1996 年的 Comdex 展会上，卡西欧展出了搭载 SH-3 的 HPC 卡西欧伙伴（如图 6-15 所示），吸引了众多关注。

图 6-15 卡西欧生产的搭载 Windows CE 的 HPC（手持个人计算机）卡西欧伙伴（1996 年）

樫尾兄弟都是高尔夫爱好者，而且打得很好，因此卡西欧公司内部高尔夫活动非常盛行。他们与我们日立半导体团队也有定期和不定期打高尔夫的机会。在 1997 年 5 月举行的高尔夫交流活动中，对方有樫尾和雄社长、樫尾幸雄副社长及其他成员参加，日立方面除了我之外，还有高岛正明营业本部长、野宫纮靖事业部长等参加，共有约 20 人参加了这次比赛。

精工爱普生

如前所述，我与精工爱普生公司建立联系的原因是高速 CMOS 微处理器首款产品 6301V 被用于手持计算机 HC-20，并且这款产品大获成功。这个项目的领导者是我高中时代的后辈中村纮一董事,他早期就对日立的 CMOS 技术产生了共鸣。不仅是微处理器,还包括 SRAM 和掩模 ROM 等在内,作为全 CMOS 化的计算机系统,在世界上率先实现了可携带计算机的产品化。而且,HC-20 的大获成功也成为日立 CMOS 微处理器实现飞跃性成长的契机。

关于采用 SH 微处理器,安川英昭社长本人的果断决策起到了非常大的作用。在 1995 年 11 月与他的会谈中,他明确表示选择哪种微处理器是一个极其重要的经营决策,并且他会亲自仔细确认公司的政策。会后不久,他们决定采用 SH 微处理器,并且进一步表达了希望获得许可的意向。经过双方的多次协商,在 1997 年 9 月与他的会谈中达成了关于许可证授予的最终协议。

该公司与我们有着定期的和不定期的会议,以及高尔夫友好交流等活动。作为日立半导体的重要客户,我们一直保持着良好的关系。

索尼公司

索尼是日本第一家将晶体管收音机商品化的公司,也是晶体管的大用户,因此很早就和日立建立了业务关系。在微处理器时代,索尼公司内部积极推动采用日立产品的是森尾稔副社长。森尾副社长在开发护照尺寸大小的 β 制式录像机等方面有着卓越的战绩,在社内被称为"技术的大将"。他的意见似乎一言九鼎。

我与森尾副社长是老朋友,因此他给了我向索尼公司的技术团队详细介绍日立的 H8 微处理器、F-ZTAT 微处理器、SH 微处理器等产品的机会。

截至 1995 年,SH 微处理器的设计解决方案已经超过了 20 件,因此森尾先生提出希望得到 SH 微处理器的许可。在汇总了日立公司内部的意见后,许可合同于 1997 年 3 月签订。以此为契机，在森尾先生的热情帮助下，日立面向索尼的关键成员，举办了 SH 微处理器的特别研讨会，共有 41 位人员出席。之后，索尼在新机型中采用 SH 微处理器的案例逐渐增加。

随着 SH 微处理器的合作，我们与索尼关系的逐步加深，两家公司高层之间的高尔夫友好交流活动开始定期举行。森尾先生和其他高层们的高尔夫球技水平都很高。此外，在高尔夫活动之后的聚餐时，大家畅所欲言，共同度过了许多非常愉快的时光。图 6-16 是 1997 年 5 月索尼与日立进行高尔夫交流时的照片。

图 6-16　索尼与日立进行高尔夫交流（1997 年 5 月）
（前排从左数第三人是森尾先生，其右侧是作者）

我与森尾先生的上司，出井伸之社长和大贺典雄会长也在这前后建立了联系，并有幸与出井社长一起参加了 1997 年佳能主办的 PGA 巡回赛和夏威夷公开赛，得到了许多亲密交谈的机会。这件事成为机缘，2000 年我转职去索尼，就是出井先生直接先与我联系的。

此外，我还有幸与大贺会长在 1996 年《日美半导体协议》终止的谈判中一起共事。当时，大贺会长担任日本电子机械工业会（EIAJ）的会长，而我担任器件委员会的主席，这也是我们的缘分。后来（2000 年 10 月），我从日立转职到索尼，在去拜访他时，还没走进他的房间，他就用洪亮的声音欢迎我说："哦，我的战友！"这是我有生以来第一次听到如此简洁而又精彩的欢迎词。

离开日立半导体的时刻

"微处理器大决战"的目的是将微处理器培育成日立半导体的主力产品。在 1997 年下半年，超越内存产品，微处理器成为日立半导体的主角，实现了既定目标。但作为结果，这成为我在日立半导体的最后一项工作。

我作为日立半导体部门的负责人，于 1992 年就任事业部部长，当时的销售额是 5600 亿日元。之后，得益于市场状况，三年后的 1995 年，销售额增加到了 9600 亿日元。在这一年，事业部部长的职位让给了后继者，我被晋升为电子集团的负责人，负责半导体和电子设备两个事业部。此外，我当时的职务是常务董事，之后在 1997 年晋升为专务董事。

在这一期间，我们的主要任务是：将以内存为中心的产品结构转变为以微处理器为中心的产品结构，以保证业务的稳定增长。这是因为内存市场的波动很大，而且由于《日美半导体协议》的制约，业务的自由度受到了限制。

在解决了与摩托罗拉的诉讼之后，通过新型 RISC 微处理器和 F-ZTAT 微处理器的开发及量产化，再加上为了扩大销售而进行的 MGO 等活动，微处理器的销售额稳步增长，在 1997 年下半年首次超过了内存的销售额，成为日立半导体的主要产品。

而在内存方面，从 1996 年初开始，需求平衡崩溃，价格开始暴跌，业绩每况愈下。到了 1997 年，亚洲金融危机爆发，各国的经济迅速恶化，半导体行业的低迷持续了将近三年。

日立半导体的业绩连续两年出现赤字，作为负责这一块的管理者，我在 1998 年 5 月从专务董事降级为董事，经历了两级的降职。随之而来的是所属部门的变更，从半导体部门换到了总部的研究开发部门，这意味着我将离开自入职以来一直所在的半导体部门（详细内容请参考第 7 章第 5 节）。

第 7 章
日本半导体，为何败退？

1　峰期市场份额达 50%

如前所述，引领日本半导体产业崛起的领域是家电类电子产品。1955 年，索尼推出的晶体管收音机大获成功，激发了日本许多机电公司进入这一领域，从而推动了从电子管到晶体管的转变。继收音机之后，在 1960 年，索尼又推出了世界上第一台晶体管黑白电视机。此外，计算器、电子钟表、彩色电视机、随身听（Walkman）、录像机等热门产品相继投入市场，日本因此确立了家电王国的地位。

这些设备中使用了大量的半导体产品。对于日本的半导体企业来说，由于国内有大客户，因此能够迅速掌握半导体器件的需求并做出响应，从而使得日本国内的市场份额得以提高。

日本半导体产业迅速发展的另一个关键因素是在 DRAM 领域成为世界领先者。由于 DRAM 是通用产品，市场遍布全球。在这个领域，从 1Kb 到 4Kb、再到 16Kb，一直都是美国企业占据领先地位。但是，到了 1981 年，在 DRAM 的最先进一代 64Kb 产品上，日本首次成为世界领先者，这成为 DRAM 王国的开端。在每一代内存产品中起到领导作用的企业如下所示，可以看出领导企业对每代产品都进行了剧烈的更迭（部分为笔者推测）。

1Kb/英特尔、4Kb/德州仪器、16Kb/莫斯泰克、64Kb/日立、256Kb/NEC、1Mb/东芝、4Mb/日立、16Mb/NEC、64Mb/三星。

日立的内存产品在从 64Kb 到 16Mb 的五个世代中保持了领先地位，但从 64Mb 以后，三星则独占鳌头。

从 1970 年到 1980 年，日本半导体企业不断扩大市场份额，最终在 1986 年超过美国，成为世界第一。这在美国引起了广泛的危机感，于是在那一年签订了《日美半导体协议》。此后，日本所占市场份额继续增加，到 1988 年达到了 50% 的峰值。图 7-1 总结了当时"占据 50% 市场份额"的背景（市场状况），并将其与现在进行了对比。

	1988年	现在
国内需要	40%	10%
海外需要	60%	90%
日本企业的国内市场份额	90%	36%
日本企业的海外市场份额	23%	7%
日本企业的世界市场份额	50%	10%
（国内的贡献40% ×90% = 36%）	36P	3.6P
（海外的贡献60%×23% = 14%）	14P	6.4P

- 1988年世界市场份额50%是由国内36%和海外14%组成
  海外14%的大部分是DRAM（峰值时DRAM占世界市场份额约80%）
- 现在国内半导体需求减少，海外市场份额下降

图 7-1　峰值时（市场占有率 50%）与现在的市场状况的对比（概数）

日本为何能够达到 50% 之高的市场份额？从图 7-1 中可以解读出以下原因。

(1) 当时，国内以家电产品为中心的半导体需求占到了40%。

(2) 日本半导体企业占据了国内市场的90%，这相当于世界市场的36%。然而，海外市场的贡献份额是14%，可以看出当时主要是国内导向性。

(3) DRAM的世界市场份额在高峰时期达到了约80%，其中大部分是通过海外市场（特别是美国的大型计算机市场）获得的。

(4) 现在国内需求降低到了10%，海外需求占据绝大部分。但是，日本企业的海外市场份额仅有7%。

2 《日美半导体协议》的影响

1986年签订的《日美半导体协议》中，成为关注点的是日本企业在国内市场的份额（90%）和DRAM的世界市场份额（高峰时超过80%）过高的问题。前者被批评为"日本市场的封闭"；后者则被怀疑存在倾销行为。

1986年，市场份额在日美之间逆转，因此签订了《日美半导体协议》，有关其过程已在第3章第6节叙述。

《日美半导体协议》的核心包含以下两个条款。

(1) 市场准入条款——将海外产品在日本市场的份额（当时大约10%）提高到20%。

(2) 防止倾销条款——为了防止DRAM倾销，日本企业不得以低于美国政府指定的FMV（公平市场价值）的价格销售。

《日美半导体协议》签订后大约半年，也就是1987年3月，日本遭受了其带来的冲击。"日本没有遵守协定中规定的内容。日本市场海外产品的份额一直没有增加，而且在第三国也发现了倾销行为。"以此为由，美国宣布根据贸易法301条款对日本实施制裁。制裁的对象不是半导体产品本身，而是个人计算机、彩色电视机和电动工具这三种产品，对这些产品征收了100%的报复性关税。仅仅在协议签订半年后，美国政府的这一异常制裁在日本引起了巨大的震惊和动荡。

为了解决这一问题，制裁实施后的第二个月，日本首相中曾根康弘访问了美国，与里根总统进行了高层会谈。两人关系良好，互相以"罗恩""雅斯"称呼对方，因此日本官方和民间都对这次会谈寄予了很大的期望，希望能取得重要成果。有关会谈进展的报道如下。

首相表示："我们将严格地遵守半导体协议，希望解除制裁。"但是，美方的回应却很冷淡："仅仅一个承诺是无法解除制裁的，只有在海外产品的市场份额得到改善的结果出现后，才能解除制裁。"因此，会谈以不欢而散告终。即使是良好的"罗恩·雅斯"关系，在半导体摩擦面前也显得无力。

这个突如其来的301条款制裁和高层会谈的破裂，让日本政府和民间企业深刻感受到了美国的愤怒。可以说，美国实施的制裁让日本官方和民间都陷入了萎缩。而且，这种影响像创伤一样长期持续着。

在此之后，日本政府带头，在长达十年的时间里鼓励优先使用海外产品。此外，即使在协议结束后，国家领导人也很长时间没有就半导体振兴向公众发出信息（这在其他国家是常见的）。直到2022年12月，这种情况才发生改变，岸田文雄首相出现在"日本半导体"会议的现场，传达了"半导体是国家重要的战略物资，我们应该大力振兴"的信息，并通过电视在全国范围内播放。这距离1987年的"里根·中曾根"会谈已经过去了整整三十五年。

高层会谈破裂后，通产省（当时）为了遵守协定，加强了对民间企业的行政指导。作为其中的一部分，为了扩大海外产品的份额，设立了以下三个机构，同时，对于半导体用户，加强了"半导体应该购买海外产品"的行政指导。

（1）半导体国际交流中心（INSEC）：于 1987 年 3 月设立。

（2）国外产半导体用户协议会（UCOM）：于 1988 年 5 月设立。

（3）国外产半导体商社协会（DAFS）：于 1988 年 11 月设立。

这三个机构在保持相互协作的同时，努力改善海外产品进入日本市场的渠道（即提高海外产品的市场份额）。后来在 1996 年的协议终止谈判中得知，美国特别提到了 UCOM 所发挥的作用。在这个组织中，半导体用户企业的采购负责人作为领头，负责指挥公司内部海外产品的采购。

此外，通产省从防止倾销的角度出发，密切关注各企业 DRAM 的生产活动。与此相关，当时最大的 DRAM 生产企业 NEC 的中沼尚氏留下了以下轶事："关于 DRAM 的生产调整，我们接到了（通产省的）指示，要求报告每天投入多少片硅晶圆，以及每天出货多少个产品。（中略）在半导体生产过程中，每道工序都有良率的问题，而且每天都在变化，所以无法准确知道会有多少个良品，即使这样解释，也无法说服对方，不得不进行了长时间的说明。"（来源：日本半导体历史馆/开发故事/NEC 公司相关记事）。

《日美半导体协议》带来了哪些影响呢？

海外产品市场份额的扩大

"将海外产品在日本市场的份额提高到 20%"这一"数值目标"成为推动市场变化的重要力量。协议开始的 1986 年，海外产品的份额大约是 8%，但五年后的 1991 年增加到了大约 18%，而在最终年份的 1996 年则达到了大约 28%。也就是说，在十年间，20%的市场份额发生了转移（来源：日本半导体历史馆/行业动态/1996 年）。

如果将这个份额转移换算成金额是怎样呢？让我们来做一个大致的估算。1991 年日本的市场规模大约是 210 亿美元，因此金额的转移（10%）是 21 亿美元（按当时的汇率大约是 2700 亿日元）；而到了 1996 年，市场规模是 340 亿美元，转移的份额（20%）则是 68 亿美元（按当时的汇率大约是 6800 亿日元）。通过对前五年和后五年的金额转移进行直线近似计算，十年间，从日本企业转移到海外企业的销售额共计约 3 兆日元。这意味着在十年间，日本企业遭受了这样的毒打。

当然，十年间市场份额的转移并不全是由于《日美半导体协议》造成的，这也包括了自然增长的部分。这两者无法分离，但在 1996 年的谈判中，美方的观点是这样的："政府监控市场份额和 UCOM 等改善市场准入的活动对提高海外产品的市场份额起到了重要作用。如果这些活动不继续，市场份额就会回到原来的状态。"这一主张一直坚持到最后。从这一点也可以看出协议的影响力有多大。

这项条款所带来的受惠者，当然少不了既存的欧美企业，不仅如此，对于刚刚进入 DRAM 市场的韩国制造商来说，简直就是"渔翁得利"。因为 DRAM 是一种兼容性高的通用产品，对于日本用户来说，它作为提高海外产品比例的手段而受到欢迎。

防止单方面倾销

根据这一条款，日本各企业不得不基于公平市场价值（FMV）来设定售价，价格设定的自由度完全丧失。这对于欧美和韩国的制造商来说，在竞争上极为有利，这一点自不必说。

图 7-2 展示了《日美半导体协议》签订前后 DRAM 的市场份

额监测（政府每季度进行的市场份额调查）以及对日本 DRAM 业务造成的损害程度。如果仔细观察，可以看到协议签订前后，各地区的市场份额曲线出现了如下所述的"人为的"变化。

该协议的效果最显著地体现在美国的市场份额变化上。1975年时，美国拥有超过90%的压倒性市场份额，但受日本崛起的影响，这一份额几乎直线下降，到了协议签订的那一年已经跌至20%。然而，1986年签订的协议成为转折点，市场份额的下降趋势突然停止。此后，美国的市场份额基本保持平稳，美国的 DRAM 产业开始走向复苏。由此，美光（Micron）得以复兴，现在名列世界前三。这张图正是美国所期望的场景，鲜明地展示了协议的威力。

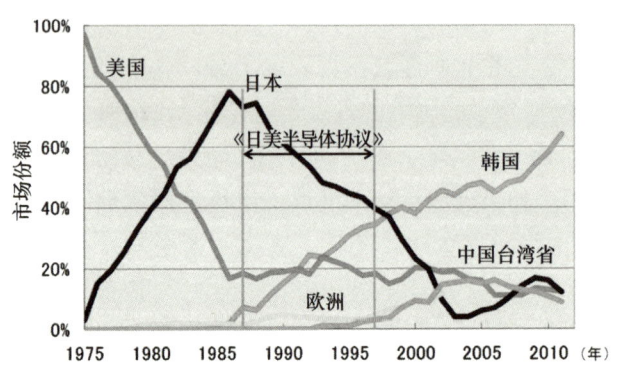

图 7-2　半导体协议签订前后 DRAM 的市场份额

另外，关于韩国，在签订协议前一年的 1985 年，其市场份额几乎可以忽略不计，但从协议签订的那一年开始，市场份额迅速上升，之后便以破竹之势不断增长。在以 DRAM 为主业的韩国，资源集中在这一点上，与受《日美半导体协议》限制的日本对抗，并在技术上逐渐追赶。到了协议结束的 1996 年左右，韩国在尖端产品的开发方面也赶上了日本，使得日本的优势丧失。

1998年，韩国在DRAM的市场份额上成为第一，并且这种势头一直持续到今天。

欧洲所占市场份额在协议之前几乎可以忽略不计，但以协议为分界点，市场份额开始抬头，并逐渐上升。

相对于这些变化，日本的市场份额在协议前一年几乎占据了80%，但以协议签订的那一年为界，开始急剧下降。到了协议结束的1996年，虽然勉强保持了40%的市场份额，位居第一，但面对韩国的追赶，不仅市场份额受到威胁，技术优势也丧失了。

紧接着到来的内存市场不景气对DRAM业务造成了重大打击，因此，日本的综合电机公司开始对DRAM业务感到厌恶，决定剥离或退出此项业务。最初的行动是日立和NEC的DRAM部门整合，（1999年）成立了新公司——尔必达（Elpida），后来，三菱的DRAM也加入到了行动。日本的其他制造商则从DRAM业务中撤退，在这一系列的过程中，日本的DRAM市场份额急剧减少。到了2000年初，日本的市场份额一度降至4%，之后，通过尔必达的努力，到2009年恢复到了16%，但是到了2012年，受到市场状况恶化的影响，经营陷入破产，最终日本的DRAM制造商消失了。

3 成为日立半导体的首脑

接下来，把焦点转移到我个人身上。话题稍微回溯一下，我之前提到过，在《日美半导体协议》开始那年（1986年）的2月，我被晋升为日立半导体主要工厂（武藏工厂）的厂长（详见第3章第6节）。这是在存储器市场大萧条时期的一次任职，期待着我能够带领工厂摆脱亏损经营。然而，尽管过去了一年，我仍然未能使工厂摆脱赤字，于是在1987年2月被降职为高崎市一个地方工厂的厂长。这个工厂的产品大多是已成熟的制品，如双极型 IC 等，工作节奏相对平稳，因此我得到了一段缓冲和充电的时间。

作为高崎工厂的厂长度过了两年之后，1989 年半导体事业部进行了组织结构调整，我被任命为新成立的半导体设计开发中心的首任中心主任，总管所有的半导体设计部门及其相关的开发部门。而在此之前，这些设计部门和相关开发部门是设置在工厂之下的（详细内容请参见第 5 章第 5 节）。

作为中心主任，我重点处理的有两件事：一是研发世界顶尖的内存产品，即 4Mb DRAM；二是在与摩托罗拉的诉讼后，推进新微处理器产品的研发和生产，并以此推动业务的扩张。

由于内存是半导体协议的制裁对象，韩国也开始生产上一代的内存，因此，上一代的产品已经没有竞争力，只能下注于更先进的内存。为了扩大 4Mb DRAM 的销售，我们在 1990 年 2 月启动了一项名为 SGO（Sub-micron Grand Operation，亚微米大决战）的活动。当时的工艺技术水平是 $0.8\mu m$，这是首次减小至 $1\mu m$ 以下，因此命名为亚微米。我们从设计开发部门挑选熟悉这款器件的成员，与销售部门选出的成员合并组成团队，走访国内外销售公司和主要客户，进行 4Mb DRAM 的演示和推广。这样的策略取得了成效，销售业绩顺利增长，1990 年夏天，月产量突破一百万个，势头强劲，成为继 64Kb DRAM 之后第二次位居世界首位。

沿着 SGO 的成功之道，1991 年 2 月，我们启动了微处理器关联的 MGO（微处理器大决战）活动，与此相关的内容在第 6 章第 6 节中有详细叙述。

我在担任半导体设计开发中心主任之后，SGO 和 MGO 策略都取得了巨大成果，为半导体业务的扩张奠定了基础。

在这样的业绩背景下，我在 1991 年被任命为日立的董事，紧接着在 1992 年晋升为半导体事业部部长。自加入公司以来，虽然经历了种种曲折，但这是我第一次站在日立半导体部门的顶端，感到责任重大。

由于内存市场的波动较大，当时的目标是，逐步提高内存以外产品的比率，以实现整个事业部产品比率的增长和产品盈利的提高。在此之前，盈利管理的单位是以工厂为单位（如武藏工厂、高崎工厂）；为了使产品结构更加清晰，我们改为了"产品部门制"，并组成了内存部门、微处理器·ASIC 部门、通用半导体部门这样三个部门。各部门分别设立了战略规划小组，努力细化产品战略。

我就任事业部部长后，日立半导体 1992 年度的销售额达到了 5600 亿日元。得益于市场状况的改善和新产品的销售效果，业绩迅速增长，到 1995 年度时销售额达到了 9600 亿日元（这一销售额成为日立半导体历史上的最高纪录）。此外，在这期间，我在 1993 年晋升为常务董事。

1995 年 6 月，我将半导体事业部部长的位置交给了野宫纮靖氏，自己则成为新成立的电子集团（管理半导体事业部和电子器件事业部）的集团长。通常的业务运营由事业部部长负责，我则主要专注于外部关系（行业关系、客户关系、合作伙伴关系等）。

老实说，当时我的感受是"松了一口气"。我的一个朋友说出了让人欣慰的话："你之前因为半导体盈利问题受到过多次打击，但从现在开始，应该不会再因为赤字或黑字而被责备了吧。"

由于这次晋升，使我成为 EIAJ（日本电子工业协会）的日立代表成员，并担任了 EIAJ 的电子器件委员会主席的职务。

由于这一系列的经历，在 1996 年 7 月举行的《日美半导体协议》终止的谈判中，我作为日本半导体行业的代表，与美国 SIA 进行了谈判。

4 "7月33日"① 的谈判结果

《日美半导体协议》终止的谈判于1996年7月在温哥华举行。这次谈判的10年前，即1986年签订了《日美半导体协议》。协议中的两个条款，即改善对日本市场的准入（提高海外产品的市场份额）和防止倾销，在1996年时这些目标都已经实现，因此继续维持协议的理由已经不存在了。

日本方面以"所有的使命都已经达成，希望尽快结束协议"的姿态参加了谈判。另一方面，美国的看法大相径庭，其意图是："由于这个协议，日本市场得到开放，倾销也没有发生，而且日美之间的摩擦也得到了解决，合作关系已经建立。希望尽可能保留这个协议的精髓。"

谈判由政府间谈判和民间谈判组成，两者并列进行，但让民间谈判先行，然后由两国政府对其进行背书。

民间谈判的参与方是日本的EIAJ（日本电子工业协会）和美国的SIA（美国半导体工业协会）。我作为EIAJ电子器件委员会的主席，担任了民间谈判团的团长，这是在我的一生中最艰难、最复杂的谈判。

作为谈判团队成员的有：东芝的大山昌伸、三菱电机的新村拓司、NEC的小野敏夫共三位先生（如图7-3所示）。SIA方面以SIA主席巴特·韦尔巴（TI）为中心，LSI Logic的威尔普·科里根、摩托罗拉的汤姆·乔治、美光的斯蒂芬·阿普尔顿共四位先生参加，他们都是业界知名的辩论家。谈判是以四对四的形式，隔着桌子进行的。

---

① 这个日期讲述了谈判的艰难，是一种幽默的表达。——编辑注

图 7-3　参与《日美半导体协议》终止谈判的日本代表团（从左至右：东芝的大山昌伸先生、笔者、三菱电机的新村拓司先生、NEC 的小野敏夫先生）

这个事件对于两国的领导人来说也是重要的关注点，比尔·克林顿总统和桥本龙太郎首相都密切关注。两国领导人已经达成了协议，即"协议将在七月最后一天前结束"。对于双方的谈判团队来说，"七月最后一天"这个截止日期是最高命令。

在温哥华举行最终谈判之前，已经进行了四次预备谈判。第一次是在 2 月 23 日，第二次是在 4 月 24 日，第三次是在 6 月 24 日，直到这时，都是 EIAJ 会长大贺典雄（索尼会长）担任谈判团团长。

但是，在 7 月 20 日的第四次会议之前，发生了意想不到的事情。

大贺会长突然身体不适被送进了医院。我接到大贺先生本人的电话被告知入院的消息，并且他表示，在接下来的谈判中，由于无法出席，因此希望我能担任日本方面的团长。这是一件完全出乎意料的突发事件，让我有种火中取栗的感觉，但为了日本半导体产业，我毫不犹豫地决定全力以赴，接受了这个重任。

在 7 月 20 日的第四次会议上，双方同意在月底前进行最终回合的谈判，梳理了至今的争议点，进行了充分的讨论，但谈判进展困难，双方之间仍然存在着严重的分歧。

终于到了最终回合，为了完成"七月底必须解决"的最高命令，日美两国的谈判团队在 28 日前聚集在了温哥华。我到达的那天晚上，与美方团长巴特·韦尔巴先生进行了只有我们两人的会谈。双方确认了目标："尽管预计这次谈判也会困难重重，但无论如何，我们都要坚忍不拔地达成协议"。并且发誓无论遇到什么困难，都要以"决不放弃！"作为我们见面的口令。

实际上，我与韦尔巴先生之前就有不浅的缘分。作为日立和 TI 公司之间合作关系的一部分，双方成立了 DRAM 制造的合资公司（Twin Star）。在那家合资公司设立初期，我们两人分别是两家公司的代表。如果只是两家公司之间的谈判，有些问题可能很快就能得到解决；但现在彼此都肩负着各自国家的利益，这使得问题的解决变得更加困难。然而，正是这种"不浅的缘分"帮助双方建立了相互的信任关系，不可否认，这对谈判的成功起到了决定性的作用。

最终谈判以正式和非正式的形式，在 29 日、30 日、31 日断断续续地进行。谈判团队背后各自备有支援部队待命，在谈判的各个节点都加入会间休息，以便与支援部队进行战略协调。日本方面有 EIAJ 和 UCOM（用户协议会）的战略部队，而美国方面则有 SIA 的战略部队。此外，与政府的沟通也非常重要，每当谈判出现任何变化时，都会相互联系，以确保双方的认识不会出现偏差。日本政府和民间，在确保"用一个声音说话！"的同时，推进谈判。

整个过程表面上是平静的对话氛围，但有时也会有声音激昂的场景，甚至有时会有因为进展无果而愤然离席的情况。断断续续的会谈持续了 3 天，虽然有所进展，但在三十一日结束时仍然存在分歧，终于，截止时间的深夜二十四点已经迫在眉睫。

双方谈判团队的脸上都显露出焦虑和疲惫的神色。就在这时，一位智者提议："各位，让我们停止时钟的指针吧。""这是个好主意！"这句机智的话语让所有人都恢复了力量，谈判再次加速进行。

这里，我想谈谈日美协议结束的谈判为何如此困难的问题。首先，最重要的是，日本和美国的基本立场完全不同。美国认为：没有这个协议的话，外国产品的市场份额可能会回落到原来的水平，内存的倾销问题也可能会再次发生，这种担忧非常强烈。因此他们主张，为了防止这种情况，需要某种"政府介入"的形式。而日本方面则认为，协议最初的目的已经全部达成，不再需要政府的介入，应该让市场机制发挥作用，这一立场对日本来说是绝对不能让步的底线。

最终，我们达成协议，取消了政府的参与，但为了缓解美方对市场份额回落的担忧，我们同意将 UCOM 的活动期限延长三年，直至 1999 年。一般来说，《日美半导体协议》在 1996 年就结束了，但严格来说，改善市场准入的活动一直持续到了 1999 年。

另一个分歧是关于日本提出的世界半导体理事会（World Semiconductor Council，WSC）的想法。这是日本提出的一个新方案，旨在应对协议结束后半导体行业的共同问题。该方案不仅包括日美两国，还包括欧洲和韩国，计划从下一年开始以四极体制启动。

美方对这个提案强烈反对。他们的主张是，如果参与的国家太多，本来能决定的东西都决定不了，难以达成共识，实际上不会起到任何作用；他们希望像过去一样，维持日美的双极体制。因此，他们主张应该将 WSC 的"W"去掉，改为 SC（Semiconductor Council，半导体理事会）。

这是日本提出的多边方案与美国提出的双边方案之间的对立，简而言之，就是"双边还是多边"的对立。我们围绕这个问题花费了大量的时间。

虽然这件事并没有被广泛知晓，但这场对立最终未能达成妥协。然而，在对话的过程中，我们了解到了美国方面的真实想法。他们表示，如果明年第一次半导体理事会时有欧洲和韩国加入，到那时就算是使用世界半导体理事会（WSC）的名称也没有关系，但在本次谈判结束时的媒体文案中，他们坚持要使用"半导体理事会"（SC）的名称。也就是说，他们更注重"名"而不是"实"。最终，面向美国媒体的发布使用了"半导体理事会"（SC）的名称，而面向日本媒体的发布则称为"世界半导体理事会"（WSC）。

总体的讨论在 8 月 1 日的黎明结束，随后进行了日美政府与民间各三人的最终会谈。日本方面出席的是担当大臣的塚原俊平（通产相）、主席谈判官坂本（通商产业审议官）以及民间代表我，美国方面出席的是巴舍夫斯基（USTR 代表）、夏皮罗大使以及韦尔巴（SIA 会长）。会谈最终达成了协议，冢原大臣和巴舍夫斯基代表的顶层握手，标志着持续了十年的《日美半导体协议》宣告结束。包括媒体发布文案在内的最终协议是在 8 月 2 日的清晨达成的。

至此，对日本企业造成束缚的半导体协议结束了，市场准入条款和反倾销条款也全部取消了。以此为界，日本的半导体企业终于得以恢复运营。

另一方面，对于谈判团队来说，达成协议必须在"七月末"，而绝不能是"八月"。

根据 SIA 智者的提议，协议的日期被定为"July 33，1996"

（1996年7月33日）。这个日期讲述着这次谈判是多么的艰难。

在谈判达成协议的"7月33日",我和美国方面的代表巴特·韦尔巴先生,都为"永不放弃!"这句口令变成了现实而感到喜悦。作为最后的仪式,我们两人一起进行了达摩不倒翁的点睛仪式,以此结束了这场艰苦的谈判(如图7-4所示)。

图7-4 达成协议后,笔者与SIA会长巴特·韦尔巴先生一起给达摩不倒翁点睛

由日本提议的第一次世界半导体理事会(WSC)在EIAJ的主办下,于1997年4月7日在夏威夷召开。参加会议的是作为半导体主要生产国的日本、美国、欧洲、韩国的业界团体,即EIAJ(日本)、SIA(美国)、EECA(欧洲)、KSIA(韩国)这四个团体。

这次会议讨论的主题如下:

(1) 大口径($\phi300mm$)晶圆相关的制造设备标准化的推进。

(2) 作为应对温室效应的一部分,推进PFC气体减排的国际合作。

(3) 为了扩大贸易,确认保护知识产权的重要性(例如,确认对半导体假冒产品防范的必要性)。

(4)探讨降低半导体周期的影响的方法，探索半导体周期预测方法的可能性。

自那以来，WSC 每年都在不同的地点召开会议。在这个会议上，世界半导体行业高管齐聚一堂，有机会就行业的共同课题进行意见交流，加深相互理解。

5 降职两级

从 1995 年我将半导体事业部长的职位让给后继者，到之后的一段时间里，半导体行业保持了良好的势头，对于新体制来说，这也是一个顺利的开始。对于半导体领导位置的交接，我感到满意。之后，我投入到行业活动、客户关系等视野更广阔的工作中。

然而，1996 年开年不久，半导体市场迅速恶化。加上接着的 1997 年、1998 年，大萧条连续持续了三年，这可以说是迄今为止经历的半导体周期中最糟糕的衰退。在这样的不景气中，我在 1997 年从常务董事升任为专务董事。

然而，在第二年的五月，一场如同噩梦般的变故正等着我。1998 年 5 月 21 日（星期四），这一天上午九点原本预定有常务董事会议（由常务董事以上人员出席的定期会议），但在会议前的八点半，我接到通知要求我去社长办公室。我走进社长办公室坐下后，K 社长告诉我："由于半导体业务的恶化，导致整个日立公司的业绩下滑。必须向股东说明责任的所在。作为半导体的负责人，你将从专务董事降为董事（技术部长）。这件事将在股东大会前公布。"在随后举行的常务会议上，K 社长宣布了这一决定，这是我的两级降职。

6 月 26 日预定召开股东大会，公司整体业绩恶化的问题必然会被追究，这意味着我将成为牺牲品。我深知半导体业绩恶化的责任，已经有了接受某种处分的心理准备，但完全没有预料到会有这样前所未有的两级降职。

通常，这样的董事职位的人事变动是在常务会议上审议后，经过下一周的董事会（由董事以上人员出席的定期会议）的决议来确定。然而，在这里发生了意想不到的变化，事情并没有按照流程进行。在下一周的董事会会议开头，负责人事的董事发言说："上周的常务会议上，社长提出了牧本先生降职的提案，但由于某些原因，今天董事会上不进行表决；将在股东大会结束后的董事会上再进行表决。"这是与惯例不同的情况。

这一周内发生了什么，完全没有解释。如果在股东大会之后进行表决，那么 K 社长想"在股东大会上献祭"的意图就完全失去了意义，至今我也不确定为什么会出现这样的状况。

然而，公司内部有了解内幕的"消息灵通人士"，我去打听了一下，据说是因为业务部门提出了"如果在股东大会前公布决定，那么社长将面临责任追究，反而给自己带来麻烦"这样的意见，所以 K 社长可能改变了初衷。结果，作为"在股东大会上献祭"完全没有起到作用，只剩下降职两级的牺牲品。

另一方面，我在社长表明意向后的几天里，反复思考了自己的处境。想到自己在日立半导体领域倾注了近四十年的心血，最终却以这种前所未有的降职两级的屈辱告终，我感到心潮澎湃、非常愤慨。是应该忍辱继续做董事？还是干脆辞职寻找新的发展道路？

于是，在 5 月 31 日，我决定辞去董事职务。我去文具店买了墨书的卷纸，写下了"辞职信"，并将其交给了 K 社长。然后，为了坚定我辞职的决心，我急忙赶去董事会，要求董事会尽快做出决定。

但是，对 K 社长来说，顺利度过 6 月 26 日的股东大会是最大的目标。因为如果在股东大会前辞职会太显眼，所以我被请求在股东大会之后辞职。无奈之下，我接受了这个请求，同意将辞职日期定为股东大会后第一次董事会召开的 7 月 1 日。然而，在股东大会的前一天（6 月 25 日），K 社长突然联系我，说股东大会后立即辞职显得过于仓促和不自然，他再次恳求我延长辞职日期，最好能延长一到两个月。我感到他过于自私和优柔寡断，甚至觉得他只考虑自保。

无奈之下，我同意了延期，但强烈表示希望这次能够严格遵守约定。之后，这个约定没有被遵守，结果导致"辞职信"被搁置了近一年。

董事的"两级降职"在日立漫长的历史中前所未有，因此被赋予了"史上首次"的污名。随着这个处分，我的工作地点也发生了变化。担任专务董事时，我在位于东京站八重洲一侧的日本大厦一角办公，那里是我负责的半导体部门和电子器件（显示屏）部门的中枢。新的工作地点被指定为位于东京站对面丸之内一侧的新丸大厦，那里是我的新所属，即研究开发部门的办公地点。就这样，我离开了半导体部门。

由于像两级降职这样的处分没有先例，实际负责工作的人们似乎也感到相当困惑。我来介绍其中之一。

从日本大厦到新丸大厦的直线距离大约不到一公里，就像是搬到隔壁的大楼一样，我本来打算把之前使用的桌子和椅子原封不动地搬过去，并为此进行搬家准备。那时，总务部门的工作人员来了，并说不能带走那张桌子。我问他为什么，得到的回答是"专务董事和董事的桌子大小不同"。我问"这是谁决定的？"得到的回答是"我们总务部门无法做出判断，所以向总部询问,然后得到了这样的指示"。我再问"这张桌子有没有人要用?"得到的回答是"没有这样的计划,只能想办法处理掉"。我的降级事件让我意识到,即使是实际工作层面也相应地经历了麻烦。

接着,我的辞职信一直被 K 先生握在手中,就这样迎来了新的一年。1999 年是日立公司董事交替的一年(通常是在公历的奇数年进行)。已经升任为会长的 K 先生通知我在 2 月 22 日去他那里接受通知。他并未提及至今为止的来龙去脉,而是单方面告知我"你已经达到了董事的退休年龄,所以请在这一期辞去董事职务"。关于我的辞职信为何被搁置了一年,没有任何解释。

我对这种方式感到愤慨,因此严厉地质问他。之后,便是无休止的无果争执。

通常,面授通知的过程只需要两到三分钟,但这次却异常漫长,可能是秘书担心,在争执中给我们送来了咖啡。当秘书进入房间时,我们双方都没有说一句话,只是相互对视着。咖啡杯被放上桌子时的"叮咚"声在房间里回响。秘书离开房间后,我们又开始了争吵。恐怕对于秘书来说,在面授通知时送上咖啡也是第一次的经历。

这次面授通知之后,我的头衔变为了嘱托(技术长),继续隶属于研究开发部门。

6 半导体新世纪委员会(SNCC)

回顾过去,《日美半导体协议》即将结束的两年前,即 1994 年,为了活跃日本半导体产业,作为智库的半导体研究所(SIRIJ)成立了。1999 年,时任 SIRIJ 理事长的东芝公司的大山昌伸先生与我进行了商议,提到日本半导体产业的根基正在进一步恶化,他希望我能够全力以赴地制定对策。大山先生在 1996 年半导体协议的结束谈判时是我的战友，因此我无法拒绝他的要求。

这个项目被命名为半导体新世纪委员会（Semiconductor New Century Committee，SNCC），从 1999 年 3 月开始运作。这个名称是考虑到即将到来的 21 世纪而命名的，旨在实现日本半导体的再次腾飞。

我担任委员会主席，干事长是东芝的海野阳一先生，设计小组以 NEC 的森野明彦先生为首，共 15 名成员，器件·工艺小组以日立的增原利明先生为首，共 19 名成员。这个项目的期限是 2000 年 3 月，于是我们频繁地开会讨论，探索方向。

随着项目的推进，各种事实逐渐明朗。日本的现状比想象中更加严峻，问题不仅仅在半导体产业，而是涉及整个日本高科技产业，甚至关系到国家的未来。

鉴于这种情况，我认为不应该等到 SNCC 在 2000 年 3 月结束，而应该尽早，哪怕只是概要，也应尽早将其公之于众，以唤起广泛的舆论关注。通过和《日本经济新闻》的熟人商议，我得以在 1999 年 11 月 3 日（朝刊）的"经济教室"栏目中投稿成功。版面上是醒目的大字标题："面向半导体产业再生""产官学共同推进战略机构""仿效美欧全力集结"。文章中提到的要点罗列如下。

（1）日本半导体企业的市场份额从 1988 年的 52% 下降到了 1998 年的 26%，减少了一半，正处于"滑坡式大败"的状况。

（2）过去推动半导体产业的家电领域已经失去了势头，而新兴的 PC 领域又未能及时跟上，半导体和高新技术领域都陷入了危机状况。

（3）继 PC 之后，兴起的市场包括移动电话等数字信息家电领域；半导体方面必须具备高性能、低功耗的 SoC（System on

Chip）等特点。市场和技术的两方面正处于巨大的转折点，应该抓住这个机会进行挑战。

（4）提议集结产官学各方力量，设立 SoC 设计研究基地，并建造世界最先进的半导体工艺生产线，实现共同利用。

根据这样的宗旨，具体化并充实细节之后，SNCC 的最终报告书以《日本半导体产业的复兴》为题，于 2000 年 3 月发表（如图 7-5 所示）。

图 7-5　SNCC 的最终报告书《日本半导体产业的复兴》（2000 年 3 月发行）

以这份报告为基础，JEITA（日本电子信息技术产业协会）的执行部队启动了"明日香项目"。目标是确立 100nm 至 70nm 的 SoC 设计技术和工艺设备技术，活动期限为 2001 年 4 月至 2006 年 3 月的五年间。

明日香项目总体上进展顺利，确立了数字信息家电领域的技术基础（如更先进的半导体工艺技术和 SoC 设计技术等）。然而，这并没有阻止日本半导体产业的衰退，也没能逆转日本市场份额持续下滑的趋势。为什么会这样，关于这一点将在下一节（第 7

节）中说明。

接着，在我整理 SNCC 报告书并稍作休息的 2000 年 6 月某一天，我接到了索尼公司出井伸之社长（当时的社长）亲自打来的电话。索尼公司也正在致力于 SNCC 报告书中提到的数字信息家电领域，今后需要进一步加强半导体技术。为此，他希望我能够贡献一份力量。我对这个提议志趣相投，于是在同年 10 月加入了索尼公司，担任半导体技术委员会主席，负责制定半导体技术战略。

7　2004 东京国际数字会议

回顾过去，从 1999 年到 2003 年走过的五年，日本半导体产业结构发生了巨大的转变，我认为可以称之为"蜕变期"。在 1999 年之前，半导体产业的形态通常是作为大企业一个部门的百货店（受到各种限制）的形式。然而，这种形态在 1999 年到 2003 年期间，大幅转变为以专业为基础的专营店的形式。

在这个时期发生了以下几个事件。首先，在 1999 年，NEC 和日立的 DRAM 部门合并，诞生了尔必达（Elpida），到了 2002 年，三菱的 DRAM 部门也加入了进来。由于其他大多数 DRAM 制造商退出了此业务，原本接近十家的日本 DRAM 企业集中成了尔必达一家。2002 年，NEC 的半导体部门独立出来，成立了 NEC 电子（NEC Electronics），2003 年，日立和三菱的系统 LSI 业务合并，成立了瑞萨科技（Renesas Technology）。这些公司都是半导体专业公司。

在这样的蜕变之后的 2004 年，由日经商务和日经电子主办，并得到经济产业省支持的"2004 东京国际数字会议"召开了。在半导体专题讨论会上，以下五家公司的管理层分别发表了半导体产业的愿景和各自公司的战略（按发表顺序）。

松下电器/西岛修（半导体公司副社长）——面向泛在（ubiquitous）社会，松下半导体的发展策略。

索尼/牧本次生（顾问）——索尼的半导体战略。

东芝/室町正志（半导体公司社长）——面向泛在时代，东芝半导体公司的挑战。

瑞萨/伊藤达（社长兼COO）——泛在时代的数字解决方案。

NEC电子/户坂馨（社长）——客户导向的完整解决方案的提供。

各公司演讲者的面孔（除我之外）比蜕变期之前更加年轻，有一种清新、更符合新生日本半导体领导者的感觉。

五人中有三位演讲者（西岛先生、室町先生、伊藤先生）在演讲主题中融入了"泛在"这个词，这是此会议主题的一个特点。"泛在"这个词包含了"计算能力潜在于所有事物之中"和"所有事物都通过网络相互连接"的含义。所有演讲者都有着相同的时代认知。

从另一个角度来看，迄今为止PC一直是半导体战略的中心，但今后，数字消费产品（或者说是数字信息家电产品）将扮演主角。日本没有能够及时地赶上PC时代的浪潮，半导体市场份额也遭到了无情的萎缩，但面向新的时代，我们要率先发力，努力奋斗。这样强烈的信息在演讲中传递了出来。

以下是当天的主要话题。

（1）松下电器：强调了电子产品方案部门和半导体部门不可分割地共同分享价值链的重要性。为了向移动电话、数字电视、DVD、汽车导航等广泛的产品领域提供半导体解决方案，提出了构建一个数字家电综合平台的目标。

（2）索尼：与松下一样，由于公司内部拥有大用户，因此两个部门的联合战略成为基础。为此设立的内部机构是半导体技术委员会,我担任主席。在这次国际数字会议上,我代表索尼进行发言。我介绍了与 IBM 的项目和与东芝的合作(面向游戏机的高速处理器开发项目)作为划时代的器件开发案例,并阐述了进一步加强拥有世界顶级市场份额的图像传感器的策略。

(3)东芝:将目标市场进行细分,提到了数字消费产品、移动产品、智能办公室,并提供 SoC、单片、功率器件、NAND 等广泛器件的解决方案。特别是对于 NAND,强调了在市场急速扩大的背景下,正在推进多元化、高速化的技术开发。

(4)瑞萨:说明了面向泛在时代的整体解决方案的产品战略。作为世界顶级产品的案例,介绍了占据市场份额 50% 的面向移动电话的处理器(SH 移动)、占据市场份额 32% 的内置闪存的微处理器(F-ZTAT 微处理器),以及占据市场份额 80% 的面向汽车导航的 MCU 等强大的微处理器产品群。

特别引起我兴趣的是,与 NTT DoCoMo 共同开发的面向下一代移动电话(FOMA)的芯片。这是一款包含应用处理器和基带处理器的单片 LSI,集成了当时世界顶尖的技术。NTT DoCoMo 支付了 70 亿日元的开发费用;搭载这款芯片的移动电话终端计划于 2006 年投入市场。

整个会议期间,我强烈地感受到,经过蜕变期的混乱后,成为专业化半导体企业的日本半导体正在恢复活力,一个新的以数字消费领域为中心的时代即将崛起。

然而,历史的发展并未如会议所设想的情景那样进行。最大的误判是在会议三年后的 2007 年,苹果公司智能手机(iPhone)的问世。智能手机实际上是一款"全能终端",几乎涵盖了数字消费领域内的移动电话、数码相机、游戏机、MP3 播放器、车载导航、数字电视等多种功能。智能手机通过吸收这些设备的需求而发展壮大,因此,日本企业瞄准的新市场逐渐变得黯淡无光。

智能手机的出货量在最初的 2007 年达到了 1.2 亿部, 2010 年达到了 3 亿部, 2013 年达到了 9.7 亿部, 到 2016 年更是达到了 15 亿部。仅仅十年就达到了峰值产量。在这种破竹之势下, 数字消费产品被压制, 增长受阻, 日本半导体企业期待的市场沉没了。

NTT DoCoMo 和瑞萨电子共同开发了新款 FOMA 移动电话终端, 其内置世界顶尖芯片。而就在这款移动电话投入市场之后不久, 智能手机出现了。

当时, 作为日本移动电话产业领头羊的 NTT DoCoMo, 因为坚持自家方式而错过了向智能手机的转型。之后, 在迅速增长的智能手机领域, 日本企业的存在感消失了, 日本的移动电话变成了"功能手机", 并逐渐消失了踪迹。瑞萨电子在日本拥有 50% 市场份额的应用处理器市场也消失了。

从全球角度来看, 如果瑞萨电子在国内客户消失的情况下, 本可以凭借"SH Mobile"作为武器向海外市场拓展业务, 但结果并没有向海外企业提供智能手机应用处理器。瑞萨在器件技术（例如先进半导体工艺技术、低功耗技术等）或 SoC 设计技术方面并不落后, 最大的问题是, 由于公司内部缺乏智能手机的专业知识, 无法进行产品定义（芯片的详细功能定义）。

目前, 占据智能手机应用处理器市场份额的主要是高通、MediaTek 和苹果, 这三家公司在 2022 年都进入了世界半导体前十强。

另一方面, 2004 年, 位居世界第四的瑞萨电子大约拥有 4% 的市场份额, 但到了 2022 年, 其排名跌至第 16 位, 市场份额也降至 1.9%（Omdia 调查数据）。

在半导体领域中有关智能手机的部分, 虽然图像传感器和 NAND 闪存等方面有索尼、铠侠等日本企业显示出存在感, 但在需求较大的应用处理器和 DRAM 方面,却看不到日本企业的身影,这成为日本整体市场份额下降的一个重要因素。

8 日本半导体的衰退

在本章的第一节中,我们阐述了日本半导体在 20 世纪 80 年代末获得市场份额第一的状况。那时,日本以家电领域为中心,拥有世界上最大的需求,日本企业占据了高市场份额,并在 DRAM 领域也占据了世界首位。但是,由于受到《日美半导体协议》的打击,日本半导体市场份额开始下降。关于这一影响,在第二节中进行了描述。

到了 20 世纪 90 年代,半导体市场的中心逐渐从家电转向 PC 领域,但日本的电子产品制造商和半导体制造商未能有效地应对市场变化,失去了市场份额。在克里斯·米勒所著的《芯片战争》一书中有这样的论述:"日本半导体制造商犯下的最大错误,就是忽视了 PC 的繁荣。"

从宏观角度来看确实如此,但实际上,面向 PC 的微处理器受到了英特尔知识产权的严格保护,因此进入这个领域是非常困难的。直到今天,英特尔一直占据着压倒性的市场份额,而 AMD 是唯一一家紧随其后的公司。

从 2000 年前后开始,PC 市场的增长出现了放缓的趋势,数字消费电子产品领域被视为下一个潜在市场,并受到了关注,日本半导体企业也开始投入精力。在移动电话、数码相机、车载导航、游戏机等领域,日本企业占据了较高的市场份额。

正如前面第 7 节所述,事态的变化发生在 2007 年苹果公司推出的智能手机上市。智能手机以超出所有人预期的速度迅速普及市场,到了 2010 年前后已经成为半导体最大的市场。原本被视为数字消费电子产品类的新领域变成了"智能手机一家独大"的局面，但日本企业并没有进入这个领域。图 7-6 基于以上市场变化，展示了日本半导体的跃进、摩擦，以及最终走向衰退的过程。

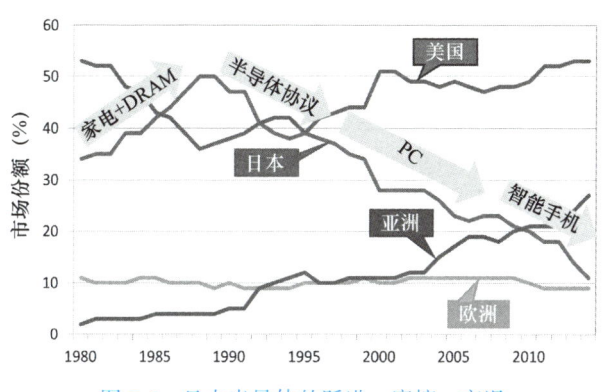

图 7-6　日本半导体的跃进、摩擦、衰退

9　十足的紧迫感

近年来，日本政府正在努力强化半导体行业。听到政府首脑发出"半导体是最重要的战略物资""半导体掌握着国家的命运"这样的言论，真是让人感到鼓舞。我从开始从事半导体工作至今已经六十五年，但我认为政府以前从未对半导体行业如此投入。这个机会应该被视为日本半导体复兴最后的机会，必须坚定不移地投入其中。

三层结构的半导体相关产业

在日常对话中，如果说"日本的半导体市场份额从高峰时的 50% 下降到了 10%"，这里的"半导体"指的是"半导体器件产业"。但是，作为半导体相关产业，除了器件产业（市场规模约73万亿日元）之外，还有上游的材料产业（约10万亿日元）和制造设备产业（约14万亿日元）。下游则是电子信息设备产业（约470万亿日元），这个三层结构是紧密相连的。在制定强化半导体产业策略时，必须考虑到从上游到下游的三层结构。

强大的上游产业

日本的上游产业非常健全，并且具有很强的国际竞争力。例如，对于重要的材料硅晶圆，日本的市场份额约为60%，光刻胶约为90%，引线框架约为40%，塑封材料也占约40%，甚至有人说"如果日本的材料供应停止，世界的半导体生产就会停止"。

此外，在制造设备产业中，东京电子等四家日本企业位列前十，整体市场份额（2022年）仅次于美国的50%，位居第二，约占23%（数据源自TechInsights）。但是，从长期趋势来看，20世纪90年代时市场份额曾达到48%，现在却减少了一半，我们必须认识到其正在逐渐下降的趋势。近年来，中国和韩国以国家战略的形式加强半导体发展，因此日本的未来不容乐观。日本需要采取"让强者更强"的强化策略。例如，由政府主导，吸引TSMC公司到熊本县设厂，以及Rapidus在北海道设厂等，为上游产业提供强大的推动力。虽然这是老生常谈，但我们必须牢记"在胜利后要系紧头盔的带子"（胜不骄并做好准备的意思）。

器件产业的课题

器件产业有两个方面，即"制造什么"（产品企划和设计）和"如何制造"（制造）。以前是同一个公司同时处理这两方面，但目前（特别是对于数字类器件）这两者分工的形式逐步增加。左右数字类器件产业市场份额的是前者——"制造什么"。

目前，日本半导体产业的市场份额已经跌破10%，在前十名企业中已经没有日本企业的身影。表7-1展示了1988年（日本的巅峰时期）和 2023 年半导体领域排名前十的企业，通过比较这两个时期的情况，可以探索市场份额下降的原因。

表 7-1　半导体企业前十名的变迁

	1988 年	2023 年
1	NEC（日）	英特尔（美国）
2	东芝（日）	三星（韩国）
3	日立（日）	高通（美国）
4	摩托罗拉（美国）	博通（美国）
5	罗拉（美国）	英伟达（美国）
6	富士通（日）	SK 海力士（韩国）
7	英特尔（美国）	AMD（美国）
8	三菱（日）	意法半导体（欧洲）
9	松下（日）	苹果（美国）
10	飞利浦（欧洲）	德州仪器（美国）

在 1988 年的前十名企业中，以 NEC 为首，日本企业占据了六席，其余三席是美国企业，一席是欧洲企业。而且，这十家企业都是 IDM（集成设备制造商）企业。当时，日本有着以家电产品为中心的巨大内需市场，而且在 DRAM 领域称霸世界，这些都是主要的取胜因素。在那个时期，投资能力、制造技术、质量管理等"如何制造"相关因素至关重要，对日本来说是有利的状况。

然而，到了 2023 年，情况发生了巨大变化。在前十名企业中，有七家美国企业，两家韩国企业，一家欧洲企业，而日本企业的身影消失了。这里特别值得一提的是，在七家美国企业中，除了英特尔和德州仪器之外的其他五家（高通、博通、英伟达、AMD、苹果）都是无晶圆厂的半导体企业。与 1988 年相比，IDM 企业减少了五家，而无晶圆厂的半导体企业增加了五家。这意味着在过去三十年间，半导体产业从以"如何制造"（制造）为导向转变成了以"制造什么"（企划和设计）为导向。

从另一个角度来看，也可以说日本的 IDM 是被美国的无晶圆厂的半导体公司夺走了前十名的地位。

无晶圆厂半导体企业需要有明确的"制造什么"的概念，必须具备详细描述芯片功能的产品定义能力（如原理图等）。日本也有不少无晶圆厂半导体企业，但与美国、中国等相比，它们在规模上的存在感较弱。加强和培育这些企业对日本来说是一个重要的课题，为此可以考虑以下策略：

（1）振兴国内大量使用半导体的下游产业，加强下游产业与半导体部门的合作，创造双赢的局面。如图 7-1（第 129 页）所示，目前日本国内的半导体需求大约是 10%，与 20 世纪 80 年代末的 40% 相比，仅仅是四分之一。将来，以 AI 芯片为基础的各种机器人、自动驾驶车辆等新兴领域将会崛起，半导体的需求肯定会增加。应该抓住这个机会，致力于提高半导体市场的份额。为此，仅靠传统的半导体器件技术人员的团队是不够的，还需要吸纳具有计算机科学和系统技术知识的技术人员。

（2）虽然海外的半导体需求占 90%，但日本企业在海外市场的份额却很低。长期来看，挑战海外市场以获取份额是非常重要的。如图 7-1 所示，日本半导体企业在国内市场的份额是 36%，但在海外市场的份额仅占 7%，形成了极大的不平衡。日本过于专注于国内市场，对需求庞大的海外市场的发力显得不足。

为了改善现状，我们必须尽快加强具有全球视野的计算机科学家和系统技术人员的培养，大幅增加派往海外先进大学的留学生是非常重要的。我们需要长远的目光，通过产官学合作，强力推进人才培养。

一方面，关于"如何制造"（制造）方面，政府主导的两个重大项目正在熊本和北海道进行中，确保这些项目的成功至关重要。引进台积电（TSMC）在熊本建造的第一工厂从 2024 年开始投产，拥有 55000 片晶圆的月产能。第二工厂于 2024 年动工，预计在 2027 年年内开始生产。两座工厂的投资额约为 2.8 兆日元，月产能约为 10 万片。覆盖的工艺节点为 40nm 至 6/7nm，能够覆盖广泛的应用领域。根据民间智库的九州经济调查协会估算，其 10 年间的经济带动效果预计约为 20 兆日元。

引进台积电的最大功绩可能是让全国广泛认识到半导体所具有的强烈影响力，许多人由此才真正感受到"半导体是一个了不起的行业"。

直到 20 世纪 80 年代，中国台湾省在半导体领域还处于追赶的位置，它努力从日本和美国等引进工厂，同时独立创造出了晶圆代工厂这一新的产业模式。在半导体领域，中国台湾省现在已经进入先进行列，与日本的地位发生了逆转。日本现在重要的是确保当前项目的成功，但仅仅追随别人是不会有未来的发展的。日本需要通过学习中国台湾省的发展过程，探索日本能为世界做出什么贡献。

另一方面，正在北海道建设中的 Lapidus 是一家能够应对 2nm 工艺节点的晶圆代工企业，丰田、索尼、日本电装等八家公司将对其进行投资。它将从 IBM 引进技术，并与比利时的 IMEC 进行技术合作。工厂建设已经在进行中，预计在 2025 年完成试产线，并从 2027 年开始生产。据说，试产线的建设需要 2 兆日元，量产线则需要额外的 3 兆日元。

Lapidus 的目标之一是缩短晶圆加工时间（与其他晶圆代工厂相比）。为此，它将采用单片处理（逐片处理晶圆）的方式来代替传统的批处理（集中处理晶圆）的方式。

这个项目包括使用 EUV（极紫外光）的曝光工艺等，总体难度非常高。这个过程中可能会遇到意想不到的困难，但重要的是：坚定信念，集结产官学的全力，取得成果。

此外，即使上述两个项目成功了，它们也无法改变日本半导体市场份额持续下滑的趋势；要想改变下滑的趋势，我们不应忘记，半导体产业除制造外还需要另一半的半导体设计公司。这里，我想重复强调，日本半导体面临的最大课题是阻止市场份额下降的趋势并实现反转，然而目前还没有强有力的对策。

下游产业的课题

20 世纪 50 年代中期，晶体管收音机的成功成为日本半导体产业起步的契机。此后，半导体产业与家电领域相辅相成，共同成长，最终获得了世界领先的地位。然而，它未能搭上后来兴起的 PC 浪潮，也没有赶上智能手机的浪潮，半导体和下游产业的市场份额共同下滑。如果用市场竞争战来比喻，那就是一胜两负的败退。

目前，智能手机市场逐渐趋于饱和，难以期待有大的增长潜力。未来半导体产业的引领者将是 AI 半导体，包括自动驾驶汽车在内的广义机器人产业预计将创造巨大的需求。

对于作为少子、高龄化的先进国家日本而言，劳动力短缺是一个无法回避的问题，对机器人的需求极为迫切。例如，仅就护理问题而言，需要护理的人数在增加，而提供护理的一方却在减少。要解决这个问题，就必须借助搭载 AI 的"智能机器人"。智能机器人在老龄化社会中提高生活质量方面将发挥巨大的作用。

日本应当率先于世界推进这样的政策，这将成为对世界的贡献，同时日本的下游产业将再次迎来新的机遇。如果能够抓住这个机会，市场竞争战就能实现两胜两负，扳成平局。市场更迭之际，才有败者复活的可能性。

迄今为止，半导体市场的变迁主要被视为物理空间的变化

（家电→PC→智能手机），但今后将加入网络空间市场的成长（如数据中心等）。例如，近年来引入市场的 Chat-GPT 正在迅速普及，并在广泛领域产生巨大影响。由于生成 AI 的数据中心将使用大量半导体，这将成为未来半导体需求的强大牵引力。

在这样的背景下，预计到 2030 年，半导体市场的规模将达到一万亿美元（约 150 万亿日元）。这几乎是 2023 年 5200 亿美元的两倍，换算成年增长率约为 10%。这表明，半导体产业虽然经历了 70 多年的成长，但仍然呈现出成长产业的态势。如今，日本半导体必须集结产官学，全力以赴，赢得败者复活战。

第 8 章

从"半导体的视角"展望未来

"温故而知新"(通过回顾过去来了解新鲜事物)作为孔子的智慧传承至今。这句话意味着通过了解过去的历史,我们可以获得面向未来的知识。这延绵流传了 2500 年的话语,或许包含着普遍的真理。第 8 章的所有主题背后都有这 5 个字的影子。

本章的第一个案例(第 1 节)是基于戈登·摩尔 1965 年在《电子学》杂志上发表的内容,而之后的第 2~6 节的案例都是基于我的经验。

1 摩尔从"半导体的视角"看到的未来

不仅在半导体领域,而且在广泛的电子、计算机相关领域,到处都可以看到"温故而知新"的案例,其中最著名的可能是摩尔定律。摩尔定律出自摩尔在《电子学》杂志上发表的论文。

当时,摩尔 36 岁,担任仙童半导体公司研究开发部门负责人,他投稿了一篇标题为《IC 内集成更多元器件》的论文给《电子学》杂志,并刊登在 1965 年 4 月号上。在论文中,他详细

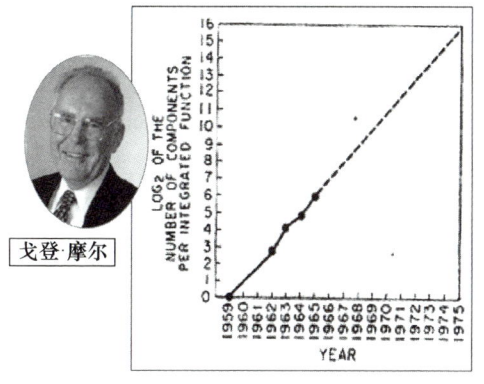

调查了过去 IC 内元器件数量的增长速率（如图 8-1 所示）。

图 8-1　摩尔定律的原始版本（1965）

在制作这个图表时，摩尔做了一个独特的设计：横轴是年份，而纵轴则是取元器件数以 2 为底的对数。直观地表达就是：纵轴的刻度是 1、2、4、8、16、32……以倍增的数值等间距排列。在这个图表上绘制过去 IC 内实际的元器件数量后，他发现它们巧妙地排列在一条 45°的直线上。基于这个发现，摩尔得出了以下结论：IC 内的元器件数量每年都会翻倍增长。

在这篇论文写就的 1965 年，IC 内的元器件数量大约是 64 个；如果就这个趋势延伸十年，元器件数量将增加约 1000 倍，他大胆预测，到 1975 年集成元器件数量将达到约 65000 个。这个大胆的预测使得这篇论文受到了极大的关注。之后，这个预测被加州理工大学的卡弗·米德教授命名为"摩尔定律"。

根据 IC 中集成元器件数量如此快速的增长速度，摩尔预测，IC 能够实现的功能将迅速增加，不久的将来，每个家庭都将拥有一台家用计算机。此外，他还提到了汽车的自动控制、个人用的便携通信设备等可能性。他预测的事物，现在以个人计算机、自动驾驶汽车、智能手机的形式实现了。通过研究半导体过去的趋势，可以预测未来的某些方面，可以说这是"温故而知新"的最佳例证。

此外，这篇论文共有四页，其中在第三页的上方有一幅漫画风格的插图。图中描绘了一个类似百货商店杂货角落的地方，有一个标有"Happy Home Computer"公司名字的柜台。柜台前面有"大促销"的标识，一个看起来像推销员的男人一手拿着 Home Computer，一边笑容满面地讲解着。周围聚集了许多男女，他们新奇地听着讲解。

虽然不知道他在说什么，但可以想象他可能在说："各位，今天是我们公司的 Home Computer 大促销。从现在开始，将进入每个家庭都有一台计算机的时代，请大家不要在这个新时代掉队……"

可能戈登·摩尔当时想象的就是这样的场景。这确实是摩尔通过"半导体的视角"看到的未来。

摩尔在撰写这篇论文时，IC 是双极型 IC，但之后器件的主流变成了 PMOS IC，然后又变成了 NMOS IC。接下来成为主角的是 CMOS IC，而且直至今日，CMOS IC 一直占据着主流的地位。在可以预见的范围内，这种情况不会有所改变。

在这样的器件变迁过程中，摩尔定律的表达方式也在发生变化。现在普遍认可的表达方式如下：集成在芯片内的元器件数量每一年半（即 18 个月）或每两年（即 24 个月）翻一番。

不管哪一种说法都能通过摩尔定律预测未来集成电路的集成度。这种预测不仅对半导体有效，而且对预测半导体带来的社会影响也是重要的。摩尔定律成为展望未来的"半导体的窗口"。

2　Makimoto's Wave（牧本波动）

基于摩尔定律，半导体技术实现了指数级增长的进化，同时半导体在其他方面也在进化。这种进化始终是以"提高客户满意度"为目标的。例如,有时提供标准品(通用产品)能够获得更好的客户满意度,有时定制品(专用产品)则更为合适。

我在 1987 年发现了半导体领域标准品和定制品的趋势,大致每十年交替一次。

当我重新审视自晶体管发明(1947 年)以来的半导体产业的趋势,并以十年为一个周期,从"标准化对定制化"的角度来看,我发现了以下分类,这触动了我的思考。

1947—1957 年是半导体产业的摇篮期。这是半导体研究开发和最初量产的时期。

1957—1967 年是以晶体管为中心的"标准化导向时期"。

1967—1977 年是以定制 LSI(如面向计算器等)为核心的"定制化导向时期"。

1977—1987 年是以微处理器和存储器为中心的"标准化导向时期"。

以上是到目前为止过去的趋势,在此基础上,我进一步延伸并提出了以下预测,即预测了未来二十年。

1987—1997 年是 ASIC(面向特定应用领域的 IC)主导的"定制化导向时期"。

1997—2007 年是现场可编程产品引领的"标准化导向时期"。

在我发现这种现象之后不久的 1991 年,英国《电子周刊》的记者大卫·马纳兹访问日立时,我接受了他的采访。我向他讲述了前述的标准化与定制化的周期现象,马纳兹记者感叹道:"这很有趣!这是一个全新的概念。"对此表现出了浓厚的兴趣。

马纳兹记者以这次采访为基础,在《电子周刊》上发表了一篇重要文章。我对于文章的标题感到惊讶,因为文章被赋予了"Makimoto's Wave"(牧本波动)这个名字。从此以后,"牧本波动"从英国开始,传播到欧洲的半导体行业,之后又传到美国,最后在日本也被人们所熟知。图 8-2 展示了"牧本波动"的原始版。

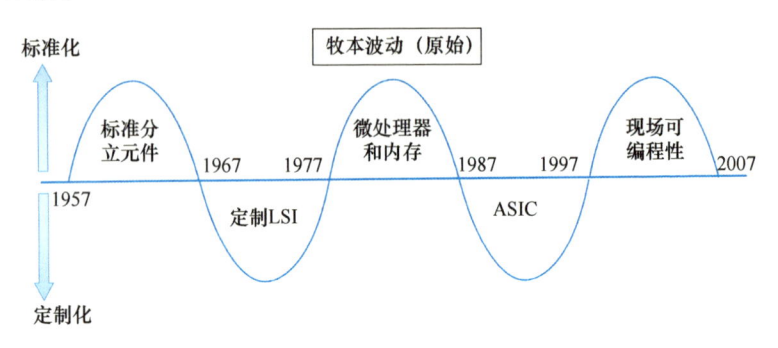

图 8-2 "牧本波动"的原始版(来源:电子周刊,1991 年 1 月)

回顾过去,大约从 1987 年开始,以 ASIC 为中心的定制化产品迅速崛起,而在 1997 年前后,以 FPGA(现场可编程门阵列)为中心的标准化可编程产品开始兴起。

此外,日立在这个时期推出了现场可编程的 F-ZTAT 微处理器,并创造了微处理器的新趋势(详细内容请参考第 6 章第 4 节)。F 不仅代表 Flash(闪存)的意思,同时也包含了 Field(现场)的含义,ZTAT 是 TAT(Turn-Around Time,周转时间)为零(Zero)的意思。这种微处理器将传统的掩模 ROM 部分替换为闪存,使得客户能够自己把程序写入芯片(这就是"现场可编程"的含义),从而使得新产品能够在极短的时间内进入市场。从这样的案例来看,可以认为牧本波动预测大体上是准确的。

那么,半导体的摆球为何会摆动——半导体的趋势为何会在"标准化"和"定制化"之间摇摆呢?为了解释这个问题,人们提出了"半导体的单摆模型"。图 8-3 展示了半导体摆球在趋向定制化和趋向标准化时,哪些力量在起作用。

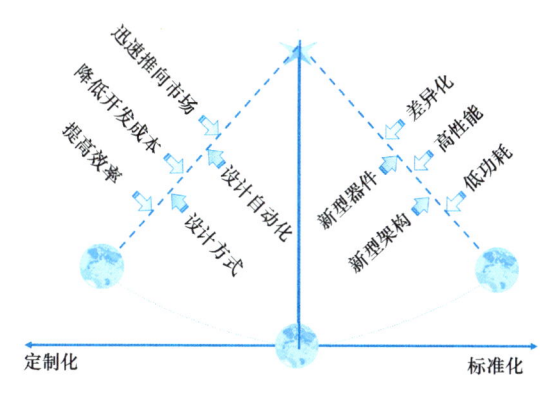

图 8-3 半导体的摆动现象

半导体芯片设计的自动化技术（如 EDA 工具等）和新设计方法论（例如门阵列等技术）的出现，使得定制化变得容易，这成为向定制化方向推动摆球的力量，因此摆球偏向定制化方向。在这之后，由于"希望更快地推向市场""希望进一步降低开发成本"等客户的需求，将摆球推回原点的力就会发生作用。

另一方面，像微处理器和 FPGA 这样的新型器件会产生向标准化方向推动摆球的力量，因此摆球偏向标准化方向。但这之后，由于"希望更多的差异化""希望更低的功耗""希望提高自家系统的性能"等客户的需求，将摆球推回原点的力又会发生作用。

这样的相互作用反复发生，摆球受半导体技术的进步和市场结构变化的影响，结果是在标准化和定制化之间呈现出大约每十年一次的摆动。

此外，需要注意的是，即使每十年就会出现新的产品趋势，这些新产品也并不会将前一个周期中的产品从市场上驱逐出去，而是在其基础上叠加上去。因此，在某个时间点的半导体市场上，过去各种趋势的产品会像地层一样层层叠加，形成复杂的层次结构。

牧本波动的概念在半导体领域逐渐扩散开来，同时也引起了计算机领域的强烈关注，相关的学会等对我的演讲邀请也逐渐增多。更值得一提的是，这个概念也被计算机领域的专业杂志 *IEEE Computer* 作为专题报道。在该杂志 2013 年 12 月出版的期刊中，刊登了 5 篇与计算机定律相关的专题论文，其中之一就是牧本波动。以下是刊登的论文列表（按刊登顺序）。

（1）梅特卡夫定律：网络的价值与其用户数量的平方成正比。

（2）牧本波动：半导体在标准化和定制化之间大约每十年摆动一次。

（3）阿姆达尔定律：提高并行计算性能的应用程序代码与架构的关系。

（4）摩尔定律：半导体的集成度每年翻一番。

（5）格罗斯定律：计算机性能与成本的平方成正比。

图 8-4 是笔者当时撰写论文时制作的牧本波动的扩展版。原始版只展示到 2007 年为止，已经成为过去，因此扩展版增加了 20 年的预测，进一步扩展到了 2027 年。

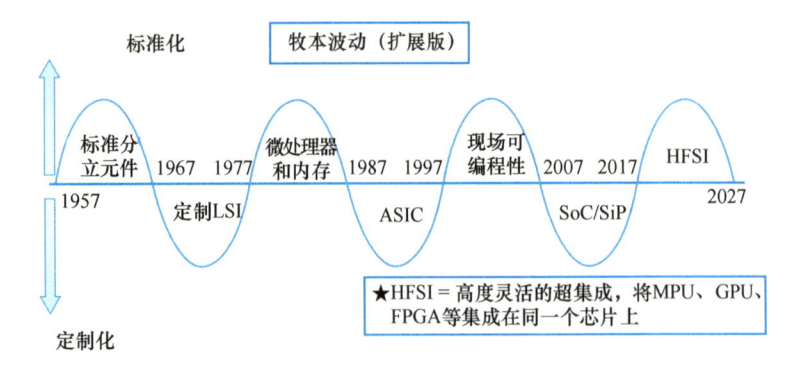

图 8-4　牧本波动的扩展版（来源：IEEE Computer，2013 年 12 月）

从 2007 年到 2017 年的大趋势是以 SoC（System on Chip）和 SiP（System in Package）为中心的定制化周期。在这一趋势中，领头的是在 2007 年推出智能手机的苹果公司。由于自己定制芯片，苹果公司开发了专用于智能手机的应用处理器。这使他们能够搭建高性能、低功耗的系统，因此在市场上获得了好评并取得了巨大成功。

这种定制化动向随后也被谷歌、亚马逊、微软、特斯拉等公司所继承。在这些案例中，它们都是通过定制化来追求自家系统的高性能和低功耗的平衡。

从 2017 年到 2027 年的十年间，趋势将转向标准化，我将这一趋势命名为 HFSI。HFSI 是 Highly Flexible Super Integration（高度灵活的超高集成 IC）的缩写。在这个时间周期里，芯片的集成度比十年前有了大幅提升，CPU、GPU、DSP、FPGA 等多个可编程模块可以集成在一起。这确保了功能的多样性和灵活性。此外，通过在单个封装内以二维或三维方式搭载多个芯片，进一步提高了设计的自由度，从而提升了性能。近年来，这类相关的封装技术的开发非常活跃（如 chiplet 即芯粒方式等）。

引领这一新的标准化趋势的是 NVIDIA、AMD、英特尔等公司。在追求高性能的数据中心、汽车、机器人等领域，对相关产品的需求逐步扩大。

如前所述，新的产品趋势的出现并不会驱逐前一个趋势的产品，因此目前苹果引领的定制化（专用化）导向和 NVIDIA 引领的标准化（通用化）导向在市场上是共存的。

3　数字游牧时代的预测

在 1970 年，器件的主流技术是 NMOS，但日立公司率先投入高速 CMOS 技术的量产化。1981 年，CMOS 的 8 位微处理器已经实现产品化。1982 年，使用这种微处理器的手持计算机由精工爱普生（当时为信州精器）推出，并大获成功，成为便携式电子设备的先驱（详见第 4 章第 3 节）。

进入 1990 年，日立公司开始着手开发基于新型 RISC 的 SH 微处理器。由于其低功耗和高性能，它对电子设备的便携性做出了巨大贡献。随着便携式终端的普及，人们从时间和地点的限制中解放出来，新的生活方式由此诞生。我认为这将对社会产生重大影响。

基于这样的理念，我第一次的相关演讲是在 1994 年 InStat 主办的国际会议上的主题演讲"Mega Trends in the Nomadic Age"（游牧时代的大趋势）。当时，由于这是一个非常创新的主题，之后我在学术界和产业界的会议上获得了更多的演讲机会。

1996 年，半导体领域的主要学术会议之一的 VLSI 研讨会，给我发来以这个话题进行主题演讲的邀请。我在会上做了题为"Market and Technology Trends in the Nomadic Age"（游牧时代的市场和技术趋势）的演讲。其核心观点是，虽然目前半导体市场的中心是 PC，但未来便携式电子设备将会迎来巨大的增长，这将极大地改变人们的生活方式。

有一次，我的朋友大卫·曼纳兹（英国《电子周刊》的记者）听了我的演讲，并引起了他的共鸣。会后我们一起共进晚餐，在喝酒聊天的过程中，话题变得非常热烈，最后我们决定基于这个主题合作写一本书。我将之前所有的演讲资料都交给了大卫，他负责实际的撰写工作。

之后，于 1997 年，*Digital Nomad* 在英国出版。紧接着第二年，其中文版和日文版也相继出版。当时并没有"Digital Nomad"（数字游民）这种说法，而是我们创造的词汇，我们选择了这个象征新时代生活方式的词汇作为书名。

书出版后，十年时间转瞬即逝，到了 2007 年，苹果公司发布了智能手机，以此为契机，数字游民式生活方式开始普及。2016—2017 年，数字游民成为社会现象，与实际的数字游民相关的书籍相继出版（如图 8-5 所示）。而且，由于新冠疫情的影响，远程工作变得更加普及，数字游民的数量增加，目前全球大约有 3500 万数字游民，他们的影响力也在社会上扩大（数据源自 JTB 综合研究所，2022 年 9 月）。

a) 笔者和大卫·曼纳兹的合著
（1997 出版）

b) 实际的数字游民相关的书籍
（2016—2017年出版）

图 8-5　关于数字游民的书籍：预测（左）与现实（右）

4　机器人市场崛起的预测

2002 年，我收到了来自半导体领域的主要学术会议 IEDM 的第二次主题演讲邀请（第一次演讲是在 20 年前的 1982 年）。演讲的主题是"面向机器人的半导体技术的现状与未来"。我在 2000 年从日立转职到索尼，而 1999 年索尼开始销售犬型机器人 AIBO（爱宝）。

我向在索尼被称为"机器人博士"的土井利忠先生请教了关于机器人的技术，重新认识到了机器人对半导体芯片的高需求。我在会议论文集中刊登的论文也是与土井先生联名的。

这次演讲的内容大部分是技术性的，但在结尾部分我加入了对未来半导体市场的预测。以十年为单位刻度，回顾半导体市场的变迁，我注意到随着技术的发展，市场的主角也在发生改变。我总结了这种情况并在图8-6中展示出来，标题为"机器人崛起的新浪潮"。

在20世纪70年代到80年代间，家电领域是市场的领头羊，日本凭借电视机、录像机等"模拟潮流"统治了世界市场，被称为"日本世界第一"（Japan as number one）。

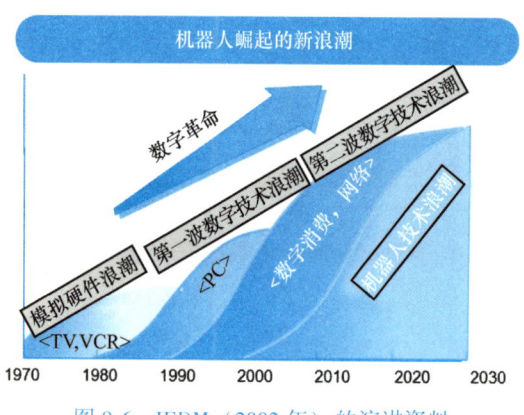

图 8-6　IEDM（2002年）的演讲资料

从20世纪90年代开始，用高性能微处理器和内存生产的PC占据了市场的主导地位。这是"第一波数字技术"的崛起，当时PC领域在半导体市场上几乎是无敌的存在。

接下来的2010年代到2020年代，我预计将担任市场主导的是"第二波数字技术"的数字消费领域。由于高性能、低功耗的SoC的出现，预计便携式的高性能设备（如移动电话、数码相机、游戏机等）将成为市场的引领者——当时智能手机还未出现。但自从2007年智能手机引入市场后，其迅速普及，成为市场上的佼佼者，现在可以说是进入了智能手机的时代。

那么2030年代以后的市场主导者将是什么？当时，我预计在半导体市场上几乎没有存在感的机器人市场将承担这一角色。在演讲结束后的评论中，有些人露出惊讶的表情，并表示这个预测出人意料。

做出这样的预测的最大理由是，预计到2030年之前，机器人智能将取得显著的进步。

例如，卡内基梅隆大学的汉斯·莫拉维克教授对2010年以后机器人智能的进化做出了如下预测："十年达到蜥蜴的水平，二十年达到老鼠的水平，三十年达到猴子的水平，四十年达到人类的水平。"除了智能水平的提升，还有各种传感器的进化、驱动电机的功率器件的进化，因此机器人的实用性将大幅改善，预计会带动市场的扩大。

支持这一预测的调查结果在2016年曾由JEITA（日本电子信息技术产业协会）报道。机器人的范围很广，除了对话型机器人、护理机器人、产业用机器人之外，还包括自动驾驶车辆和无人机。图8-7显示了2020—2025年各种搭载AI的机器人的出货量的增长预测。

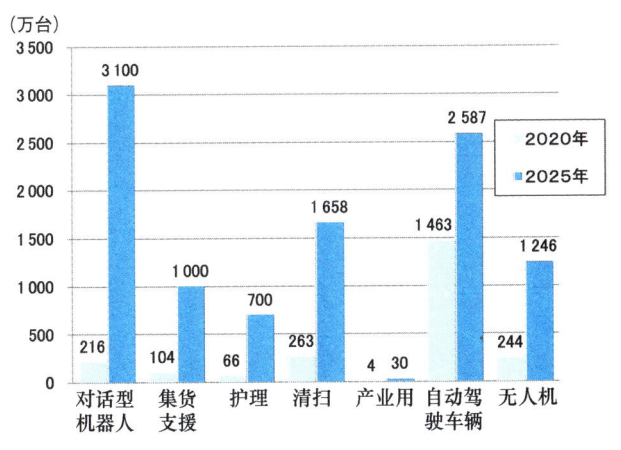

图8-7 搭载AI的机器人的出货量的增长预测（来源：JEITA 2016年）

例如，对话型机器人从 2020 年的 216 万台增长到 2025 年的 3100 万台，增长 14.3 倍。护理机器人同期增长 11 倍，清扫机器人增长 6 倍。此外，这份报告还预测了 2015—2025 年搭载 AI 的机器人市场规模：2015 年为 5.8 兆日元，2020 年为 47.7 兆日元，2025 年为 130.4 兆日元。基于这样的预测，机器人领域在 2030 年成长为巨大市场的可能性非常高。在 2002 年 IEDM 大会上，透过"半导体的窗口"所展望的未来，现在正逐渐成为现实。

5 国家的兴衰在于半导体

瑞士洛桑国际管理发展学院（IMD）自 1989 年起发布世界各国的国际竞争力排名。日本从 1989 年到 1992 年连续四年位居第一，美国紧随其后。在 20 世纪 80 年代，日本被赞誉为"Number One"，从学术角度来看，这一点也得到了证实。

然而，到了 1993 年，日本和美国的排名发生了逆转。如图 8-8 所示，美国在此之后长期保持首位，而日本的排名却迅速下降。在 60 个国家和地区中，日本甚至跌落到 20 位以下，并且在 2023 年进一步跌至 35 位。

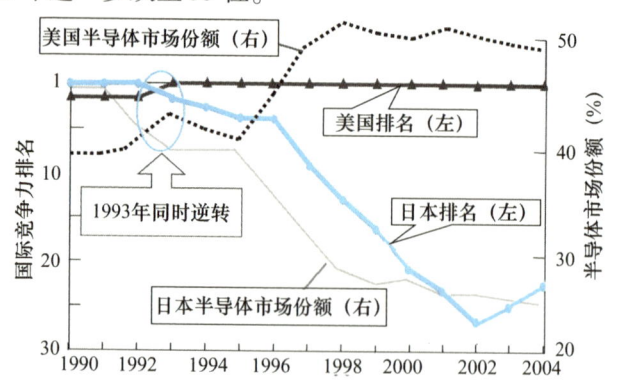

图 8-8 日美国际竞争力排名和半导体市场份额同时逆转

（来源：IMD、Dataquest）

另一方面，日本的半导体市场份额直到 1992 年都保持世界领先，但在 1993 年被美国反超，之后便如滑坡般下滑，现在市场份额已经跌至 10% 以下。

从图 8-8 可以惊奇地发现，一个国家的竞争力和半导体市场份额有着很强的联动关系。

两者为何如此强烈地联动呢？虽然多种因素错综复杂地交织在一起，但我认为最重要的因素可能是从模拟到数字模式的转变。

从 20 世纪 90 年代开始，电子产业的重心从模拟家电产品转向了数字 PC，产业结构从垂直整合型转变为水平分工型。进入数字时代后，半导体的影响力进一步增大，甚至开始左右国力。随着数字化的开始，除了日本以外，世界各国都强烈认识到半导体的重要性，并开始以举国之力进行攻关。如今，人们常说"半导体是最重要的战略物资"。

另一方面，由于《日美半导体协议》（1986—1996 年）导致的直接和间接影响，日本半导体市场份额出现了下降趋势。1996 年《日美半导体协议》结束后，人们原本期待日本的半导体市场份额能够停止下滑，但这之后市场份额下降的趋势仍然持续（参考第 7 章和第 8 节）。在这样的背景下，我于 2006 年出版了《国家的兴衰在于半导体》（如图 8-9 所示）一书。

图 8-9　警钟：《国家的兴衰在于半导体》（工业调查会，2006 年）

我撰写这本书的意图是为日本半导体和国家竞争力的持续弱化敲警钟，但这个警钟似乎并没有传递到当时国家的首脑部门。然而，自那以后过了十五年，大约从 2021 年起，日本政府开始认识到半导体的重要性，并着手强化半导体政策。其背后的原因是：2020 年因新冠疫情的特殊情况，导致 PC、电视机、游戏机等产品急剧畅销，进而引发了半导体短缺的问题。

受此影响最严重的是汽车行业，不仅是日本，美国和德国等地也出现了"因为没有半导体而无法制造汽车"的情况，半导体短缺成为一个重大问题。三国的政府高官紧急飞往中国台湾省，向晶圆代工企业台积电（TSMC）请求车规级半导体的增产。这是因为 TSMC 是车规级半导体的最大供应商。尽管有这样的请求，解决半导体短缺问题还是花了一年以上的时间。因此，日本政府才认识到，半导体是支撑国家根基的重要战略物资。

在这样的背景下，经济产业大臣梶山弘志在 2021 年 3 月举行的官民共同战略会议的开头发表了"拥有强大的半导体产业是掌握国家命运的关键"的言论。

在同一时间，日本自民党的半导体议员联盟会长甘利明也主张"掌控半导体才能掌控世界"。此外，在第二年的 2022 年 12 月，首相岸田文雄出席了日本半导体论坛会议，并以"半导体是重要的战略物资"为题做了发言，强调了半导体的重要性，可谓是日本半导体的重大事件。这些言论的思想都与"国家的兴衰在于半导体"的含义相符合。

我不禁感慨，十五年前的警钟好像现在终于被敲响了，日本政府首脑终于开始重视半导体了，这是夺回半导体领先地位的机会。现在正是卷土重来的时刻，我们必须官民合力来加强半导体产业的投入。

6 从"半导体的视角"看汽车的未来

虽然我不是汽车专家,但是,汽车领域是半导体的重要应用领域,因此我长期保持着对汽车领域的关注。特别是由于电动汽车(EV)的出现,汽车与半导体的关系变得更加紧密,因此我对汽车领域的关注度进一步提升。从"半导体的视角"来看,预计在电动汽车领域会出现以下三个阶段的变迁。

第一阶段 从汽油到电力

2008 年,总部位于硅谷的新兴企业特斯拉发布了高性能的电动汽车——Roadster。尽管其售价高达约 10 万美元,但在环保等方面引人注目,购买者中包括了好莱坞明星和政界要人等。

如果这款车是由底特律的汽车制造大公司推出的话,可能不会引起我的好奇心。但是,这是由一家没有汽车制造基础设施的硅谷新兴企业推出的产品,因此我反而强烈地想要亲眼确认一下,这是怎样做到的。

在 Roadster 发布大约半年后的 2009 年 3 月,我有机会去了美国,联系了住在硅谷的朋友,得知特斯拉总部离他家很近,可以带我参观。对方甚至没有预约,只是说"先直接去看看吧",就带我去了。

我们把车停在特斯拉的停车场,刚一下车,恰好公司的员工也在停车,他向我们打招呼(也许他误以为我们是未来的客户)。在交谈中,我得知他是特斯拉的质量管理经理。我直接提出了我的问题:"在完全没有汽车制造基础设施的硅谷,新兴的特斯拉是如何制造出如此出色的汽车的?我想解开这个谜团。"

他稍微思考了一会儿,用"这可能是有点极端的说法"作为开场白,然后概括地解释说:"制造电动汽车只需要把三个主要组件运来，把它们装在车体上就可以了。这三个组件是电池、电机和半导体控制系统。所以不需要制造传统汽车的基础设施，只要这三个组件没问题，即使是新兴企业也能制造出好车。"

确实，这是一种极端的说法，但很容易理解。它简洁地表达了与汽油车的复杂垂直整合系统不同、电动汽车的水平分工的特征。在交谈的过程中，我得到了"要不要试乘一下"的邀请，于是我表示感谢后坐在了副驾驶座上，在市区里短暂地兜了一圈。

对于我来说，这是第一次乘坐电动汽车，但我惊讶地发现了两件事。首先，电动汽车的加速性能非常出色，它有着与运动型轿车相媲美的强劲推力。其次，电动汽车的车内完全听不到引擎声，这与汽油车截然不同。乘坐体验令人兴奋，我深切地感受到电动汽车将会在未来得到发展，也能够理解为什么众多娱乐界和政界的名人都出现在购买者名单上。图 8-10 是我第一次乘坐特斯拉 Roadster 时的照片。

图 8-10　笔者第一次乘坐特斯拉 Roadster（2009 年 3 月）

通过这次体验，我预感到：新兴企业进入一直被高门槛包围的汽车产业自此变得更加容易，汽车产业可能会发生重大的结构转变。

在特斯拉乘车体验之后不久，我在一次例行的技术研究会上听到一个题为"汽车产业的未来"的演讲,演讲者是日本一家大型企业的开发部门高管。

演讲的内容主要是关于汽车动力源的未来展望,包括从目前的汽油车到电动汽车、混合动力车(HEV),向插电式混合动力车(PHEV)发展,进一步以氢为动力源的燃料电池车(FCV)等的多样化进展。由于每一种动力源都有其长处和短处,因此他提出公司的战略要能够全面应对所有动力源的需求,同时主张开发工作也需要全方位地进行。

到了提问环节,我分享了之前在特斯拉的经历,并提问说,随着电动汽车时代的到来,进入壁垒是否会降低,汽车产业是否会发生重大变化。

演讲者的回答大致如下:"我知道特斯拉。在普通人看来,它可能是一辆很酷的车,但是一辆车的真正价值并不仅仅在于外观。坚固性、安全性、乘坐体验等,只有经过多年的使用才能真正了解。即使进入电动汽车时代,进入壁垒也不会降低。"

这个观点当然只是当时那位演讲者个人的意见,但我感觉这也代表了日本许多汽车企业的看法。他们对电动汽车没有太多的戒备感或强烈的意愿,似乎满足于至今为止的成功经验(注:备受关注的日本国产电动汽车日产聆风的发布是在 2010 年 12 月)。

在 2009 年这个时间点上,从"半导体的视角"看到的日本汽车产业,给人的感觉是:在汽车产业结构似乎即将发生地壳运动的时候,日本汽车行业却显得相当悠闲自得,这样下去会不会落后于电动汽车的浪潮?

目前的电动汽车状况,与 2009 年从"半导体的视角"看到的景象相吻合。在 2023 年的电动汽车企业排名中,占据榜首的是新兴的特斯拉(美国),市场份额为 19.3%;第二名也是新兴的 BYD(中国),市场份额为 16%。仅这两家新兴企业就占据了大约35%的市场份额。第三、四名被大型企业 VW 集团（德国）和 GM 集团（美国）占据，但第五、六、九名都是中国的三家新兴企业（据麦肯锡调查）。

日本势力中的领头羊是排在第十位的雷诺-日产-三菱联盟，市场份额为 3.2%。丰田排在第 24 位，市场份额为 1%。本田排在第 28 位，市场份额为 0.2%。

可以不夸张地说，汽车产业正在经历一场地壳运动。汽车大国日本在电动汽车方面的落后是显而易见的，让人联想到历史的重现——20 世纪 90 年代因硬件向数字化转变而导致日本电子产业整体陷入低谷。

第二阶段 从手动驾驶到自动驾驶

世界上自动驾驶汽车的研发竞争正在加剧。在自动驾驶汽车实用化方面起到先驱作用的是美国国防部高级研究计划局（DARPA）。它策划了由大学和民间企业参与的自动驾驶汽车竞赛，并在 2004 年举办了世界首个"大挑战"。随后在 2005 年也举办了同样的竞赛，但在这两次比赛中，自动驾驶汽车都仅限于在隔离区域内行驶。

到了 2007 年，竞赛更名为"城市挑战赛"，这是一项在指定实际城市道路上进行的自动驾驶竞赛。赛程的要求是"在全长 96km 的路线中遵守所有交通规则，并在 6h 内完成全程"。

结果，有六支队伍完成了全程。据报道，第一名是卡内基梅隆大学和 GM 组成的联合队伍（平均速度 22.5km/h），第二名是斯坦福大学和大众汽车的联合队伍（平均速度 22.0km/h），第三名是弗吉尼亚理工大学的队伍，第四名是 MIT 的队伍。

通过这样的竞赛，以美国为首，世界各国对自动驾驶汽车实用化的热情逐渐高涨。不仅传统的汽车制造企业，IT 企业也开始进入这个领域。

IT巨头谷歌于2009年启动了自动驾驶汽车开发项目"Waymo"。2016年，Waymo从谷歌独立，并成为Alphabet旗下的公司。2017年12月，它开始了在公共道路上的无驾驶员全自动驾驶模式的试验。到2018年7月，Waymo无人驾驶汽车的累计行驶里程达到了800万mile，在同年10月，宣布已经达到了1000万mile（约1600万km），这是在美国25个城市进行的行驶测试的总和。

2018年12月，在美国亚利桑那州的凤凰城开始了自动驾驶出租车的服务（不过，为了安全起见，驾驶员还是跟车的）。2020年10月，在同一城市开始了完全无人驾驶（无驾驶员）的自动驾驶汽车服务。

我在2018年访问美国计算机历史博物馆时，在展厅的一角看到了作为展品的Waymo自动驾驶汽车，感到意外。我问导游"为什么Waymo自动驾驶汽车会在这个计算机历史博物馆展出"，得到的解释是"自动驾驶汽车就是计算机终端的一种。Waymo的历史也是计算机历史的一部分"，在赞同的同时我也深感时代的变化。

这是一个难得的机会，于是我请他们给我拍了一张乘坐Waymo的纪念照片（如图8-11所示）。

图8-11 在美国计算机历史博物馆展出的Waymo（2018年5月）

让我们来看看自动驾驶汽车领域的竞争状况。根据美国加利福尼亚州车辆管理局发布的 2020 年自动驾驶行驶数据"自动驾驶综合里程"（无人干预下的自动驾驶行驶距离的平均值），排名前十的公司可以大致分为以下三个集团（来源：《日经电子》2021 年 5 月号）。

（1）美国 IT 企业集团的三家公司

排名第一的 Waymo（Alphabet 的子公司）、排名第八的 Nuro（原谷歌工程师独立后创办的公司）、排名第 10 的 Zoox（亚马逊的子公司）。

（2）大型汽车企业集团的两家公司

排名第二的 Cruise（GM 的子公司）、排名第五的 Argo AI（Ford 的子公司）。

（3）中国企业集团的五家公司

排名第三的 AutoX、排名第四的 Pony.ai、排名第六的 WeRide.ai、排名第七的 DiDi Chuxing、排名第九的 DeepRoute.ai[⊖]。

在排名前十之外的大型汽车制造企业中，日产汽车排名第 16 位，宝马排名第 17 位，梅赛德斯-奔驰排名第 19 位，丰田（研究所）排名第 24 位。

顺便提一下，排名第 1 的 Waymo 的自动驾驶持续里程是 48200km，这相当于可以横穿美国来回五次的距离。顺便说一下，排名第 10 的 Zoox 是 2600km，排名第 24 的丰田是 3.8km。

仅从这个排名来看，目前似乎是美国、日本、欧洲的大型汽车企业之外的 IT 类的新兴企业以及中国系新兴企业占据了上位。以"半导体的视角"来看，汽车产业似乎正在"以下克上"、发生剧烈的变动。

[⊖] AutoX 为安途，Pony.ai 为小马智行，WeRide.ai 为文远知行，DiDi Chuxing 为滴滴出行，DeepRoute.ai 为元戎启行。——译者注

第三阶段 汽车的再定义

自动驾驶车辆进一步进化之后,将会出现什么样的汽车呢?在这方面打头阵的是索尼本田移动公司在 2023 年 CES(每年在美国拉斯维加斯举行的技术展览)上首次亮相的 AFEELA。会场上这款新概念汽车的登场受到了极大的关注(如图 8-12 所示)。

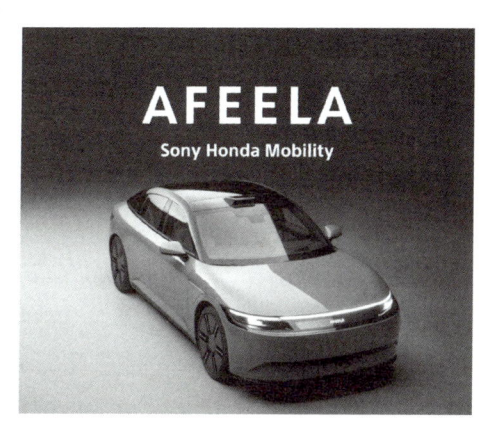

图 8-12　索尼本田移动公司的 AFEELA(CES 出展,2023 年 1 月)

在此之前,汽车是"运送人的空间",而 AFEELA 则将汽车重新定义为"享受娱乐的空间"。此外,展会上还宣布了与高通(Qualcomm)联合开发这款汽车的智能控制核心半导体的合作声明,而高通则是智能手机芯片领域的引领者。这也证明了汽车与智能手机将进一步融合。

关于这种新概念汽车,苹果公司(Apple Inc.)一直以来都是话题焦点。

2021 年,日本经济新闻和日经 CrossTech 联合采访组编写出版了《Apple Car——数字霸主对汽车巨人》一书。这本书预测,由于 Apple Car 的登场,汽车将像智能手机一样能够进行软件升级，购买后车辆仍能持续进化；此外，汽车产业将逐步从垂直整合型产业转变为水平分工型产业，而且这一模式转变将因此加速。

然而，到了 2024 年 1 月，美国彭博社报道了"Apple Car 的上市将推迟到 2028 年"。据报道，Apple Car 是 2015 年启动的名为"Project Titan"的项目，目标是开发无方向盘的高度自动驾驶汽车，预计将在 2026 年上市。但苹果公司改变了开发目标，使其更加实用，并决定进一步推迟上市时间。

结果，到了 2 月底，彭博社却又报道了"Apple Car 的开发终止"，并表示 2000 人团队中的大部分人将转向 AI 领域。

然而，这个领域的变化非常快，有退出的就有新进入的。3 月 28 日，智能手机世界排名第三的中国小米（Xiaomi）发布了新型 EV。该公司 CEO 雷军以"制造梦想汽车"为主线，对新车的特点进行了长达 3 小时的热情演讲。其目标是完成"人类、汽车、住宅的智能生态系统"，这可以说是"汽车的重新定义"。3 月底，公司开始正式接受预订，据报道，仅在第一天就接到了 9 万台的订单。

到目前为止，从"半导体的视角"观察，我们已经将电动汽车的进化分为三个阶段。第一阶段是从汽油车到电动汽车的转变，第二阶段是从手动驾驶到自动驾驶的转变，以及第三阶段是汽车的再定义。无法否认，日本的汽车企业在第一和第二阶段确实显现出较大的落后；但是在第三阶段，索尼本田移动公司的 AFEELA 成为世界上首个亮相的新概念汽车产品。最接近的竞争对手不是之前预期的苹果，而可能是智能手机世界排名第三的小米。该公司已经开始量产新型 EV，在这方面领先于索尼本田。这个领域的竞争者数量预计将会越来越多。

到了 2030 年代，可能会有三种处于不同进化阶段的汽车混杂在一起，呈现出百花齐放的局面。汽车领域是支撑日本经济脊梁的最重要产业。在世界上一直因竞争力引以为豪的日本汽车产业，尽管在起跑时有所落后，但我们衷心希望它能够发挥出自己原有的实力，挽回劣势。

后　记

当我进入日立的半导体部门时，美国和日本的技术差距之大如果用相扑来比喻，就像是横纲和十两（第1章第3节）。从那时起直到1980年，我们一直处于以美国为目标、不断追赶的状态。日本在家电产品半导体应用方面领先世界，并且在电子计算器的LSI化方面也取得了成功。在内存成长时期，我们专注于尖端内存的战略取得了成效，但这也导致了日美间的半导体摩擦，日本因此受到了重大打击，走向了衰退。

现在，美国的半导体市场份额占到了50%，而日本则只有不到10%，从这个数字来看，日本再次处于追赶的位置，历史正在重演。有关日本之前如何登上世界顶峰的历史，有许多值得我们学习之处。同时，日本为何从巅峰走向衰退？从中也应该能学到很多。

回顾我的半导体人生，大部分时间都是在追赶和超越美国，经历了日美半导体摩擦的时期，就像是忘我奔跑的感觉。在这期间，我既收获过领先世界的新产品商业化成功的喜悦，也尝到过在半导体周期低谷时的辛酸。经历了四次高峰和三次低谷，概括起来可谓是"四起三落"的人生吧。

在我的半导体生涯即将结束之际，我幸运地获得了三项国际性奖项，每一项奖项都与那些"忘我奔跑时代"的工作相关联。

- 贝尔韦扎奖（2004 年）

2004 年 3 月，我在美国 Semico Research 公司主办的国际会议（SEMICO SUMMIT）上获得了"贝尔韦扎奖"。"贝尔韦扎"（Bellwether）一词原意是"领头羊，脖子上系有铃铛、走在羊群前面领路的公羊"，意味着领导者。这个奖项于 1999 年设立，每年给一位对半导体行业贡献巨大的经营者颁发。在我之前的获奖者有台积电创始人兼 CEO 的张忠谋先生、美光的 CEO 史蒂夫·阿普尔顿先生、明导国际公司的 CEO 沃利·莱茵兹先生、AMD 创始人兼 CEO 的杰里·桑德斯先生等，都是些响当当的人物。我是第六位（作为日本人来说是第一位）获奖者。获奖理由包括：我提出的牧本波动预测、将内存·微处理器等从 NMOS 技术转向 CMOS 技术的贡献，以及在数字消费类产品领域的引领作用等。当时的演讲资料被收藏在日本半导体历史博物馆牧本资料室（第六展示室）。

- 全球 IT 奖（2013 年）

2013 年 11 月，我从亚美尼亚共和国总统那里获得了"全球 IT 奖"。这个奖项是亚美尼亚为了强化国家 IT 于 2009 年设立的，旨在表彰在全球范围内对 IT 进步做出贡献的个人。在我之前的获奖者有前英特尔主席克雷格·巴雷特先生、苹果公司联合创始人史蒂夫·沃兹尼亚克先生、世界首个微处理器开发者费德里科·法金先生。我是第四位获奖者，也是第一位获此殊荣的日本人。获奖理由是：通过高速 CMOS 器件的商用化，为电子设备的低功耗化和便携性做出的贡献，以及对引领数字游牧时代的到来、改变人们生活方式的贡献。

- 罗伯特·诺伊斯奖章（2018 年）

2018年5月，我从IEEE（美国电气和电子工程师协会）获得了"罗伯特·诺伊斯奖章"。这个奖项是为了纪念IC（集成电路）的发明者之一罗伯特·诺伊斯于1999年设立的，我成为第20位获奖者，作为日本人是第五位获奖者。获奖理由是：在CMOS内存、微处理器的产业化中所展现的技术和经营领导力（关于内存请参考第3章第2节，关于微处理器请参考第4章第3节）。

对于一直专注于半导体领域的人来说，自己的成绩能够在世界上得到高度评价是一种荣誉，没有比这更令人高兴的事情了。然而，这些奖项并不是我一个人能够获得的，而是与许多同甘共苦的日立半导体技术人员一起获得的，在这里我向他们表示深深的感谢。

致　谢

在撰写本书的过程中，我大量引用了收藏于日本半导体历史馆的资料。在此，我要感谢负责历史馆运营的长见晃先生和藤井嘉德先生。

此外，对于本书内容的确认和资料提供等方面，我得到了"蝉之轮会"许多成员的帮助。"蝉之轮会"是由日立半导体退休人员组成的团体，其名字的含义是"因半导体而连接的圈子"。虽然我担任会长，但该团体能够活跃至今超过20年，应归功于干事长喜田祐三先生的奉献和努力，对此我深表感激。在此特别感谢初鹿野凯一先生、松隈毅先生、木原利昌先生、稻吉秀夫先生、西村光太郎先生、桂晃洋先生、仓员桂一先生和儿乌伸一先生给予的支持。

我要感谢筑摩书房·筑摩选书编辑长松田健先生，在编辑过程中付出了巨大的努力。

同时，我也要感谢我的妻子久美子，她以一般读者的身份通读了全文，并提供了评论和修改意见，对此我表示感谢。

NIHON HANDOTAI MONOGATARI——PIONEER NO SHOGEN by Tsugio Makimoto Copyright © Tsugio Makimoto, 2024 All rights reserved.
Original Japanese edition published by Chikumashobo Ltd.
Simplified Chinese translation copyright © 2025 by China Machine Press
This Simplified Chinese edition published by arrangement with Chikumashobo Ltd., Tokyo through Shanghai To-Asia Culture Co., Ltd.
此版本仅限在中国大陆地区（不包括香港、澳门特别行政区及台湾地区）销售。未经出版者书面许可，不得以任何方式抄袭、复制或节录本书中的任何部分。

北京市版权局著作权合同登记　图字：01-2025-1490 号。

图书在版编目（CIP）数据

芯片的较量：日美半导体风云 /（日）牧本次生著；（美）杨骏等译. -- 北京：机械工业出版社，2025.6.
ISBN 978-7-111-78433-3

Ⅰ. F431.366；F471.266

中国国家版本馆 CIP 数据核字第 2025G16P59 号

机械工业出版社（北京市百万庄大街 22 号　邮政编码 100037）
策划编辑：杨　源　　　　　　　　责任编辑：杨　源　丁　伦
责任校对：孙明慧　王小童　景　飞　责任印制：常天培
北京联兴盛业印刷股份有限公司印刷
2025 年 6 月第 1 版第 1 次印刷
148mm×210mm · 7.375 印张 · 177 千字
标准书号：ISBN 978-7-111-78433-3
定价：69.00 元

电话服务　　　　　　　　网络服务
客服电话：010-88361066　　机　工　官　网：www.cmpbook.com
　　　　　010-88379833　　机　工　官　博：weibo.com/cmp1952
　　　　　010-68326294　　金　书　网：www.golden-book.com
封底无防伪标均为盗版　　　机工教育服务网：www.cmpedu.com